NATAÇÃO ADAPTADA
METODOLOGIA DE ENSINO DOS ESTILOS CRAWL E PEITO COM FUNDAMENTAÇÃO PSICOMOTORA PARA ALUNOS SÍNDROME DE DOWN

Dados Internacionais de Catalogação na Publicação (CIP)
(Câmara Brasileira do Livro, SP, Brasil)

Archer, Ricardo Battisti
Natação Adaptada: Metodologia de ensino dos estilos crawl e peito com fundamentação psicomotora para alunos síndrome de down – Ricardo Battisti Archer – São Paulo: Ícone, 1998.

ISBN 85-274-0528-8

1. Natação 2. Metodologia de ensino dos estilos crawl e peito com fundamentação psicomotora para alunos Síndrome de Down.

97-2347 CDD–615.853

Índices para catálogo sistemático:

1. Natação 615.853

RICARDO BATTISTI ARCHER

Licenciado em psicologia — formado em psicologia.
Licenciado em educação física.
Especialização de educação física em educação especial.
Especialização em administração desportiva.
Mestrado em educação PUC-PR.
Autor dos livros: *Educação Física em Educação Especial*
Organização de Competição Desportiva
Manual de Administração de Tempo Livre

NATAÇÃO ADAPTADA
METODOLOGIA DE ENSINO DOS ESTILOS CRAWL E PEITO COM FUNDAMENTAÇÃO PSICOMOTORA PARA ALUNOS SÍNDROME DE DOWN

Ícone
editora

© Copyright 1998.
Ícone Editora Ltda

Capa
Waldir Maske

Diagramação
Rosicler Freitas Teodoro

Ilustrações
Marcos Aurélio Gularte de Castro

Revisão
Antônio Carlos Tosta

Proibida a reprodução total ou parcial desta obra, de qualquer forma ou meio eletrônico, mecânico, inclusive através de processos xerográficos, sem permissão expressa do editor
(Lei nº 5.988, 14/12/1973).

Todos os direitos reservados pela
ÍCONE EDITORA LTDA.
Rua das Palmeiras, 213 — Sta. Cecília
CEP 01226-010 — São Paulo — SP
Tels. (011)826-7074/826-9510

Maria... Dudu

Obrigado por tudo o que eu aprendi com vocês,
pelo mundo que vocês mostraram,
por vocês serem vocês.

Luiz, Lory...
      sem os quais nada seria possível.

Às 3 meninas lá de casa,
      por me ensinarem a valorizar...
      muitas coisas.

À você...

APRESENTAÇÃO

Foi grata a satisfação de ler esta obra e uma honra apresentá-la. A persistência e a dedicação do autor que conhecemos desde a década de 70 enquanto colega de curso, estágios e de formação acadêmica na Escola de Educação Física do Paraná, são sua marca e característica próprias. A natação foi o elo de ligação entre as nossas atuações profissionais sendo que a sua especialização na ação com portadores de deficiência mental o fez percorrer caminhos árduos de abertura de campo de trabalho, tornando-se o profissional que há mais tempo atua nesta área em Curitiba e quem sabe no Paraná.

Aqui um agradecimento e reconhecimento ao Clube Curitibano (instituição centenária no âmbito socioesportivo e cultural) nas figuras dos ex-presidentes da década de 80, senhores Nicolau Elias Abagge e Renato Valmasoni Pinho, que confiaram a mim a direção esportiva deste clube onde dei início a este trabalho.

Hoje vejo a dissertação de mestrado recentemente defendida e aprovada na PUC-PR, se transformar em livro, garantindo a socialização destes conhecimentos, conteúdo e explorações profissionais sistematizadas.

Por tratar de uma minoria, e exatamente por isto, a obra se engrandece e além de completar uma lacuna nas produções da área, busca teorizar práticas vividas e experimentais no cotidiano da natação adaptada. E com seres humanos classificados em tipificações necessárias, mas apenas com caráter didático ou metodológico. Afinal somos seres muitas vezes contraditórios mesmos.

Parabéns, professor Ricardo.
Prof. Ms. João Roberto Liparotti
Prof. Assistente de Natação da UFR

PRÓLOGO

Desde hace dos décadas y seguramente trés, no puedo dejar de otorgar a cualquier profesor de educación física, las siguientes intenciones:

a) Intentar generar en sus alumnos, el deseo de aprender;

b) Considerar a estos como personas individuales, portadoras de un potencial, poseedores de un entorno y cuyas respuestas al programa habrán de armonizarse con estos elementos.

Si esto es así en líneas generales, naturalmente que incluyo también a mi buen amigo y colega Ricardo Archer.

Me satisface prologar su trabajo de maestrado, que discurre en esta línea. Al mismo tiempo tengo que felicitar a las personas con Sindrome de Down, ya que tienen un nuevo defensor de su causa.

Pero además de todo esto, quiero suponer a Ricardo enfrentándose con adaptaciones para otras personas que posean otras discapacidades y esto me lleva a imaginarle en un futuro inmediato, buceando a profundidad en otras ciencias y técnicas auxiliares; como por ejemplo: — el condicionamento operante y las técnicas para enfrentarse a los aprendizajes discriminativos que demuestran dia a dia su eficacia en el caso de los trastornos graves del desarrollo.

Las técnicas de comunicación, las de modificacón de conducta, las psicomotrices y ciencias como la hidrodinámica, la neuropsicología, la fisioterapia etc.

Todo ello, si desea como me consta, dar buenas respuestas con programas bién adaptados. Está claro en este trabajo del profesor Archer, su profunda preocupación por organizar de forma funcional y pronto en sus discípulos, el esquema corporal.

Siempre que trabajamos con personas com discapacidad, esto es básico no se puede olvidar. Es el punto de partida y sólo desde él, los programas pueden ganar en dificultad aplicando criterios de espaciación y temporización. La consecuencia es evidente; mejoran las funciones cerebrales ganando también en jerarquía.

Sin duda, el lector encontrará en este trabajo, una guia prudente de cómo dar los primeiros pasos y madurareos; primeiro a través de la investigación empírica para luego profundizar con buenos diseños experimentales, que permitan llevar a cabo perfectas adaptaciones para personas con Sindrome de Down.

Juan Enrique Vazquez Menlle
Técnico da Seleção Paraolímpica Espanhola de Natação
para deficientes mentais

SUMÁRIO

Introdução 13

Capítulo I — Síndrome de Down 17
  1.1. Características do indivíduo síndrome de Down 18

Capítulo II — Psicomotricidade 23
  2.1. Origem e evolução do termo psicomotricidade 23
  2.2. Composição do termo psicomotricidade 23
  2.3. Diferentes definições de psicomotricidade 24
  2.4. Por que a psicomotricidade? 25
  2.5. Campos de atuação 27
  2.6. Funções psicomotoras 28
  2.7. Objetivos da psicomotricidade 31

Capítulo III — Natação 33
  3.1. Estilos de nado 34
  3.2. Descrição dos estilos 34
    3.2.1. Peito 34
    3.2.2. Crawl 36
    3.3. Fases do aprendizado na natação/estilos 37

Capítulo IV — Natação adaptada 43
  4.1. Metodologia tradicional da natação 44
  4.2. Didática para o indivíduo síndrome de Down 44
  4.3. Estilos de nado/Psicomotricidade 45
  4.4. Movimentação dos estilos/Psicomotricidade 46
  4.5. Progressão pedagógica para síndrome de Down 48
  4.6. Motivação/Progressão pedagógica 49
  4.7. Informações necessárias para o desenvolvimento
       da proposta pedagógica 49
  4.7.1. Tempo de aula/Alunos por turma 49
  4.7.2. Desenvolvimento da aula 50
  4.7.3. Temperatura da água/profundidade 50
  4.7.4. O que o professor deve saber a respeito do aluno 51
  4.7.5. Primeiro contato 51

4.7.6. Idade inicial 51
4.8. Dados preliminares 52
4.9. Proposta metodológica 55

Capítulo V — Considerações Finais 73

Glossário 77

Referências Bibliográficas 79

INTRODUÇÃO

Pretendemos relatar uma "forma de ver" que nos levou a desenvolver o presente estudo com o indivíduo síndrome de Down, fruto de uma atividade profissional desenvolvida desde 1982, em Curitiba (PR).

Nesta existência profissional chegamos a uma concepção que pode causar certo espanto, mas reflete com limpidez um pensamento, ou seja, uma postura frente a um segmento social.

Quanto mais convivemos com o indivíduo síndrome de Down, mais procuramos uma definição para um conceito que para nós até hoje não foi devidamente esclarecido.

Normalidade

Como esta junção de letras está recheada de estigma e contradições! Como muda de sentido em razão da realidade e do momento social em que está inserida!

O retardo mental, que é caracterizado mediante a "aplicação de um ou mais teste de inteligência, aplicado individualmente com o objetivo de avaliar o funcionamento intelectual" (ALMEIDA, 1994), é utilizado por muitos como sinônimo de normalidade, porém este dado, para nós, é motivo de questionamento.

A Associação Americana de Retardo Mental (AAMR), 1992, define que:

Retardo Mental se refere a limitações substanciais no funcionamento atual do indivíduo. É caracterizado por um funcionamento intelectual significativamente abaixo da média, existindo concomitantemente com relativa limitação associada a duas ou mais áreas de conduta adaptativa indicadas a seguir: comunicação, cuidados pessoais, vida no lar, habilidades sociais, desempenho na comunidade, independência na locomoção, saúde e segurança, habilidades acadêmicas, funcionais, lazer e trabalho. O retardo mental se processa antes dos dezoito anos (LUCKASSON, COULTER, POLLOWAY et al. 1992, cit. em Almeida, 1994).

No trabalho apresentado no 4º Encontro Londrinense de Odontologia (ALMEIDA, 1994) analisou a definição e classificação do retardo mental e colocou afirmações às quais nosso pensamento assemelha-se.

Segundo ALMEIDA "a definição de retardo mental de 1992 está baseada na abordagem multidimensional"; este mesmo autor faz afirmação que, a nosso ver, desmistifica a situação de parte de uma sociedade (o síndrome de Down), que é a seguinte: "... evitar a confiança em Q.I. para determinar o nível de deficiência" (1994).

Não concordamos que a simples aplicação de teste defina a situação social do indivíduo e desta forma coloque-o à margem de todo um processo de vida, sob um rótulo.

No caso específico do síndrome de Down ignora-se a capacidade que este tenha, em razão de conceitos que uma maioria estabeleceu.

ALMEIDA (1994) ainda coloca dimensões da definição de retardo mental dentro de um contexto de abordagem multidimensional que expressa respeito ao indivíduo ao se posicionar que a intenção da abordagem é:

"1. ampliar a conceituação de retardo mental;

2. evitar a confiança em Q.I. para determinar o nível de deficiência;

3. relacionar as necessidades do indivíduo com os níveis apropriados de apoio."

Sob o enfoque das intenções colocadas e sob a ótica do indivíduo, a abordagem multidimensional exige que a descrição compreensiva da pessoa com retardo mental seja:

"1. a existência de retardo mental...

2. considerações sobre as facilidades e dificuldades da pessoa em termos de condição psicológica, emocional, física e de saúde;

3. considerações sobre o ambiente em que a pessoa vive...

4. o ambiente e sistemas ideais de apoio...

5. um perfil dos tipos de apoios necessários..." (ALMEIDA, 1994).

Em função de nossa vivência profissional que reflete não somente o momento da aula, mas a convivência em viagens, competições, situações sociais, orientado por uma visão holística[1] do síndrome de Down e efetuando uma comparação dele com os indivíduos "normais", reafirmamos nosso questionamento quanto ao conceito de normalidade.

Neste trabalho vemos o indivíduo síndrome de Down como tão somente uma pessoa com dificuldades no desporto e com características

---

[1] O homem é considerado como um todo (JAPIASSU, 1993, p. 122).

que deverão ser respeitadas e contornadas, que procura o trabalho do professor, objetivando aprender algo, neste caso, a nadar.

Por considerarmos o aprendizado da natação algo maior que a simples movimentação dos membros e vê-la, principalmente no seu aprendizado, como reflexo do indivíduo consigo e que esta visão não encontra respaldo na Educação Física tradicional, veremos no capítulo II, que a Psicomotricidade se originou da insatisfação de profissionais de Educação Física.

Procurando não propiciar interpretações dúbias sobre o que seja natação, realizamos revisão bibliográfica para definir o que é natação, nadar, os estilos de nado que são objetos deste trabalho, descrevendo-os e dividindo-os nas suas fases de aprendizado.

Como última parte colocamos nossa proposta metodológica sobre a denominação de NATAÇÃO ADAPTADA.

A utilização da terminologia adaptada é intencional, por entendermos que o objetivo é tornar o síndrome de Down apto (FERREIRA, 1988, p. 54) ao contrário do termo especial que implicaria em considerá-lo fora do comum, distinto (FERREIRA, 1988, p. 268).

CAPÍTULO I

1. SÍNDROME DE DOWN

Muito mais que a utilização de uma preposição (com) ou mesmo um substantivo (portador), defendemos que o indivíduo síndrome de Down sempre seja identificado como indivíduo. Apesar de não possuir quociente de inteligência (Q.I.) dentro dos padrões estabelecidos como "normais" e em conseqüência, possuir um "desenvolvimento intelectual limitado" (Conf. Pueschel cit. em WERNECK, 1993, p. 63), apresenta características próprias. Características que, para indivíduos com Q.I. e desenvolvimento intelectual acima dos padrões mínimos considerados como "normais", causam um sentimento de menos valia não explícito, aflorando sob forma de adjetivos desqualificativos como: mongolóide, mongol, retardado e outros.

Quando o indivíduo síndrome de Down necessita de identificação, em função de algumas situações, acreditamos ser válido tão somente a terceira pessoa do verbo ser: é, pois a mesma tem função de unir o atributo ao sujeito (atributo = o que é próprio do ser — FERREIRA, 1988, p. 595) e não discriminar determinado indivíduo como pessoa com alguma doença ou portador de uma "anomalia" cromossômica.

Colocamos neste trabalho uma preocupação em estudar e analisar, começando por descrever "... as características intrínsecas dos fenômenos tais como eles se revelam à consciência." (Husserl, cit. em GILES, 1993, p. 62) e não a visão de livros e teorias, ou seja, a patologia. Acreditamos com isso, que cada indivíduo é único no universo e esta singularidade é o "ponto chave" no trabalho a ser desenvolvido com o indivíduo síndrome de Down.

De posse destas colocações, propomos uma metodologia para facilitar o aprendizado da natação em dois estilos (crawl, peito)[2], para

---

[2] Os estilos costa e borboleta não são abordados por não termos reunido subsídios suficientes para firmar posição.

indivíduos síndrome de Down, cuja técnica pode ser estendida aos demais indivíduos conforme experiências já realizadas.

1.1. Características do indivíduo síndrome de Dow

No universo dos Indivíduos Portadores de Necessidades Especiais, o síndrome de Down desperta mais facilmente a atenção dos indivíduos sem déficit por apresentar traços fisionômicos idênticos. Esta afirmação é fundamentada na convivência com o síndrome de Down.

Esta similaridade fisionômica deve-se a causa da síndrome de Down, ou seja, a um acidente genético" (Mustacchi in WERNECK, p. 75) que ocorre no momento da divisão celular (mitose), causando um erro na distribuição cromossômica.

Este erro genético resulta em certo número de características físicas (traços fisionômicos) e também, dificuldade de linguagem, visão, cognição, psicomotor, afetivo e tônico-postural. Isto leva a uma generalização de pessoa que se reflete na antiga denominação dada a eles: mongolóide, induzindo aos leigos, que todos pensam e agem da mesma maneira. Tais traços, como foi colocado, aos leigos, anulam toda e qualquer possibilidade de que cada indivíduo seja único.

Esta denominação, mongolóide, originou-se da dedução de Jonh Langdon Down[3] "...que as pessoas estudadas por ele estavam, de alguma forma, regredindo a um tipo racial mais primitivo, o que caracterizaria um retrocesso no caminho normal da evolução dos seres vivos. Deu-lhes, então, o nome *mongolian idiots*... denominação que, sofrendo mutações lingüísticas chegou ao Brasil como idiotas mongolóides" (Pueschel in WERNECK, 1993, p. 59). Esta terminologia (mongolóide) induz a um sentimento de menos valia por ser um "termo intrinsicamente pejorativo" (WERNECK, 1993, p. 59) sendo repelida pelos pais, familiares e profissionais que atuam na área da educação especial, porém ainda é utilizada em literaturas recentes para identificar o síndrome de Down,

É necessário informar à sociedade que ele, o síndrome de Down, apesar de viver no seu mundo e apenas conviver com os demais membros da sociedade, é um indivíduo com potencialidades que não são desenvolvidas e chegam até a ser menosprezados (PUESCHEL, 1993, p. 50).

---

[3] Ver glossário.

Quando se refere aos benefícios da natação para o síndrome de Down, DAMASCENO (1992, p. 78) afirma que "os mongolóides ganham confiança, seu auto-respeito é incentivado e conseguem um grande benefício social, porque na água são capazes de competir com seus companheiros normais".

Na utilização da terminologia mongolóide, próxima à afirmação de que na água "são capazes de competir com seus companheiros normais" DAMASCENO (id p. 78), reflete a opinião de toda uma socie-dade no sentido de que o síndrome de Down pode somente competir, não mencionando a possibilidade de vencer.

Quando se inicia o processo de aprendizado dos estilos de nado para o síndrome de Down, afirmamos que se deve objetivar que ele, ao final do processo, demonstre domínio dos estilos, conforme normatização da F.I.N.A. (Federação Internacional de Natação Amadora), e jamais que ele freqüente as aulas somente orientado por objetivos lúdicos.

As estratégias para atingir o objetivo final utilizam o lúdico, mas não como um fim em si próprio. Orientados por uma visão de respeito às dificuldades do indivíduo, tão somente como dificuldades e não como empecilho, acreditamos que as manobras pedagógicas do professor de natação devem levar em consideração que o síndrome de Down possui características.

Dentre as características do síndrome de Down, citamos as que devem ser consideradas para o aprendizado dos estilos citados:

Correlación entre patologia cerebral y conducta congnitiva en el Síndrome de Down (FLORES, 1991, p. 51).

Estructuras del sistema nervioso central	Conducta cognitiva
\multicolumn{2}{c}{**1. Atención, iniciativa**}
Mesencéfalo Interaciones tálamo-corticales Interaciones corteza fronto-parietal	Tendencia a la distracción Escasa diferenciación entre estímulos antiguos y nuevos Dificuldad para mantener la atención y continuar con una tarea especifica Menor capacidad para autoinhibirse Menor iniciativa para jugar
\multicolumn{2}{c}{**2. Memoria a corto plazo y procesamiento de la información**}
Arcas de asociación sensorial (lóbulo parieto-temporal) Lóbulos prefrontales	Dificuldad para procesar formas específicas de información sensorial, procesarla y organizarla como respuestas
\multicolumn{2}{c}{**3. Memoria a largo plazo**}
Hipocampo Interaciones córtico-hipocámpicas	Diminuición en la capacidad de consolidar y recuperar la memoria
\multicolumn{2}{c}{**4. Correlación y análisis**}
Lóbulos prefrontales en interación bidirecional con: otras estructuras corticales y subcorticales Hipocampo	Dificuldad para: Integrar e interpretar la información Organizar una integración secuecia nueva y deliberada Realizar una conceptualización y programación internas Elaborar pensamiento abstracto Elaborar operaciones numéricas

As características fisiológicas do síndrome de Down que influenciam o aprendizado, objeto deste trabalho, e que devem ser consideradas, e em alguns pontos, são beneficiadas[4] na prática dos estilos de nado (peito e crawl) são as seguintes:

— Problemas de visão: estrabismo, inflamação das margens da pálpebra.

— Déficit auditivo: leve a moderado.

— Glândula tireóidea: a insuficiência do hormônio tireóideo disponível implica em possibilidade de prejuízo no desenvolvimento intelectual.

— instabilidade atlanto-axial: frouxidão dos ligamentos do pescoço
— Instabilidade atlanto-axil.

— Sistema muscular: hipotonia.

— Aparelho cardiovascular: cardiopatia congênita.

— Sistema imunológico: "...maior suscetibilidade frente à infecções... no sistema imunológico de defesa" "estas anomalias... explicam a maior freqüência de infecções respiratórias (MARDOMINGO, 1991, p. 49[5])".

— Expectativa de vida: "... a expectativa de vida tem aumentado de forma significativa em conseqüência da maior qualidade da atenção médica e de melhores cuidados familiares e educativos" (id. p. 50). "Há trinta anos, a expectativa de vida era de 26 anos (COLLMAMM e STOLLER, 1963, cit. id. p. 50)". "Atualmente estas cifras chegam aos 68 anos" (BAUDE E SACTOUNIK, 1989, cit. id. p. 50). "A mortalidade com síndrome de Down se produz principalmente durante a infância, sendo as causas mais freqüentes as malformações cardíacas e as complicações respiratórias. Aproximadamente 30% da mortalidade se dá no 1º ano de vida, até os 4-5 anos de vida aparece em 50% e 55% nos 13 primeiros anos de vida" (id. p. 50).

---

[4] Ver glossário.
[5] Mardomingo, 1991, trad. por Archer.

Respeitadas as características do Indivíduo síndrome de Down, somos de opinião que as estratégias utilizadas no ensino dos estilos crawl e peito devam basear-se na utilização "... de mecanismos que sejam capazes de receber a informação através dos sentidos, para sua utilização", pois "entre as características mais fascinantes do nosso cérebro destaca-se a capacidade de modificação constante de suas próprias funções em resposta a diversos acontecimentos que ocorrem durante a nossa existência. É precisamente esta propriedade de modificar a função cerebral, em resposta à própria experiência, que dota um ser vivo da capacidade para recordar e aprender" (FLORES, 1991, p. 26, trad. por Archer).

Quanto às características fenotípicas específicas (fenótipo) do indivíduo síndrome de Down não serão pormenorizadas neste trabalho por não ser objetivo do autor e, além disso, a literatura específica do assunto é abundante em detalhes.

Para muitos indivíduos considerados estatisticamente normais, a natação é um desporto com movimentos complexos e a sua prática pelo síndrome de Down, pelas observações que realizamos, causa espanto, pois não consideram, como já colocamos, o síndrome de Down como indivíduo capaz em razão do Q.I. abaixo do estabelecido como normal.

A visão do síndrome de Down sobre um prisma holístico e o respeito às particularidades que o caracterizam são as bases da proposta metodológica deste trabalho, que permitem a prática do desporto considerado popularmente como mais completo.

CAPÍTULO II

2. PSICOMOTRICIDADE

2.1. Origem e evolução do termo psicomotricidade

O "adjetivo psicomotor teria nascido pouco após 1870, quando foi preciso dar um nome a regiões do córtex cerebral situado além das áreas propriamente motoras... e onde podia operar-se a junção ainda bem misteriosa, entre imagem mental e movimento" (CAMUS, 1986, p. 15).

TISSIÊ utilizou o termo composto "psicomotor" acompanhado do termo "centro" ao definir Educação Física quando colocou que a mesma não deveria ser entendida apenas como "o exercício muscular do corpo, mas também e principalmente o treinamento dos centros psicomotores" (Tissiê, 1901 cit. em CAMUS, 1986, p. 24).

Para MELLO (1989, p. 24), Werneck foi quem utilizou em 1900 pela primeira vez o termo composto psicomotricidade.

Já para Ramos (1979) e Guillarme (1983, p. 30) foi Dupre, no início do século XX, que utilizou o termo psicomotricidade pela primeira vez, objetivando realçar as estreitas relações "...que unen as anomalias psíquicas e as anomalias motrices como expresión de una solidaridad original y profunda entre actividad psíquica y el movimento" (FRANCISCO RAMOS, 1979, p. 58).

2.2. Composição do termo psicomotricidade

Visualizando o termo psicomotricidade, sob uma ótica lingüística, observamos que é formado de dois componentes:

— PSICO: faz referência "a la actividade psíquica, com seus dos componientes, socioafectivo y cogniscitivo" (Id. p. 57).

— MOTRICIDADE: pode-se entendê-la como "una entidad dinâmica, que se subdivide en noción de organicidad, organización, relacion y funcionamiento, sujeta al desarollo y a la maturacion" (Id. p. 57) e "entidad como um todo, constitue a funcion motriz y se traduce fundamentalmente por el movimiento, para el cual el cuerpo dispone de la base neuro fisiológica adecuada".

A justaposição dos dois termos para M. Bernard, leva a duas indagações, pois há:

— "Misterioso dualismo do corpo e da alma;

— Pleonasmo, pois o movimento faz parte integrante do comportamento (M. Bernard cit. id. p. 57)."

FRANCISCO RAMOS conclui: "pese a todo, y em una primeira aproximacion, unindo las significaciones de sus componentes, como tradución de la unidad y globalidad del ser, podemos entender la psicomotricidad como una relacion mutua entre actividad psíquica y la función motriz... o dicho de otro modo, la psicomotricidad es la nivel del desear y del querer hacer" (id. p. 57).

2.3. Diferentes definições de psicomotricidade

Vários autores definem Psicomotricidade, relacionados a seguir:

Ajuriaguerra: "É a realização do pensamento através de um ato motor preciso, econômico e harmonioso" (Loureiro cit. em MELLO, 1989, p. 31).

Vayer: "É a educação da integridade do ser, através do seu corpo" (cit. VELASCO, 1993, p. 15).

Hurtado: "É a ciência da educação que enfoca a unidade indivisível do homem (constituída pela soma e psique), educando o movimento ao mesmo tempo que põe em jogo as funções intelectuais" (1983, p. 103).

Costallat: "É a ciência da educação, que realiza o enfoque integral do desenvolvimento nos três aspectos: físico, psíquico e intelectual, de maneira a estimular harmoniosamente o casamento dessas três áreas em diferentes etapas do crescimento" (cit. em VELASCO, 1993, p. 16).

Le Boulch: "É responsável pela formação de base, indispensável a toda criança, quer seja normal ou com problemas. Responde a uma dupla finalidade assegurar o desenvolvimento funcional, tendo em conta as possibilidades da criança, e ajudar sua afetividade a expandir-se e a equilibrar-se através do intercâmbio com o ambiente humano" (id. p. 16).

Wallon: "Propicia o estudo da função tônica da musculatura e sua relação com o emocional" (id. p. 16).

Negrine: "Sua finalidade precípua é promover, através de uma ação pedagógica, o desenvolvimento de todas as potencialidades da criança, objetivando o equilíbrio bio-psico-social" (id. p. 16).

Piaget: "Essa ciência trata da relação entre o homem, seu corpo, o meio físico e sociocultural no qual convive" (id. p. 16).

Velasco: "É a realização de um pensamento através de um ato motor coeso, econômico e harmonioso exigindo para isso uma afetividade equilibrada" (id. p. 16).

Zazzo: "Es um compuesto una espécie de quimera, que puede ser reveladora de todas nuestras ambiguidades concernientes a la genesi del psiquismo a partir del cuerpo, con el cuerpo" (1979, cit. em RAMOS, 1979, p. 56).

Para a Sociedade Brasileira de Psicomotricidade (cit. em MELLO, 1989, p. 31), "Psicomotricidade é uma ciência que tem por objetivo o estudo do homem, através do seu corpo em movimento, nas relações com seu mundo interno e externo".

Desta forma, observamos que o elo de ligação entre as definições apresentadas é a interação entre o psiquismo-motricidade, o que levou Francisco Ramos concluir que "conseqüentemente, la psicomotricidad se nos apresenta como el conjunto de comportamentos tecnicogestuais, tanto intencionados como involuntários. La funcion motriz, en definitiva, no es nada sin el aspecto psíquico, por la intervención del psiquismo, el movimento se convierte en gesto, es decir, em portador de respuestas, de intencioalidad y de significacion" (RAMOS, 1979, p. 57).

Fundamentados nos conceitos expostos, concluímos que Psicomotricidade deixa de ser um termo que aglutina dois, para ser *uma maneira de ser, o modo individual que cada um possui para relacionar-se e com o que lhe rodeia.*

2.4. Por que a psicomotricidade?

No ano de 1901, Tissiê (cit. em CAMUS, 1986, p. 24), colocou na obra coletiva denominada *A Educação Física*, todo seu descontentamento quanto às práticas militaristas que norteavam a educação física da época, que objetivava o aprimoramento físico dos praticantes.

Conforme Camus (id. p. 24), Tissiê subliminarmente afirmou que "existem íntimas relações entre pensamento e movimento... e que laços íntimos e recíprocos unem a celebração e a musculação, isto é, o psiquismo e o dinamismo".

Na época ocorreu um "combate difícil" (id. p. 25) entre a proposta de Tissiê e de Demeny, Herbert e De Coubertain que defendiam suas linhas de trabalho: a ginástica fisiológica, ginástica natural e o esporte. Esta desavença entre o purismo da educação pelo movimento e o "método atlético e acrobático" (id. p. 25) persiste até hoje.

GUILMAIN (id. p. 13) inquietou-se com as simples medidas motoras então utilizadas e iniciou questionamentos e, em conseqüência, pesquisas que justificassem as relações entre os distúrbios de comportamento de seus alunos e as alterações das funções "afetivas-ativas". E indicou que todo tratamento psicomotor deve abranger diversas técnicas através de exercícios de educação sensorial, exercícios de desenvolvimento da atenção e trabalhos manuais.

Conforme podemos observar, a Psicomotricidade surgiu no início do século, se não como ciência, como é considerada atualmente (VELASCO, 1993 int.), mas como demonstração de preocupação quanto aos mecanismos da época que demonstravam flagrantes preocupações quanto a tão somente um corpo anatômico. Esta noção "implicaba el concepto de cuerpo desumanizado, es decir, de un cuerpo organico, mecanico, hecho de pelancas oseas, e fuerzas musculares, al que solo se le pide un funcionamiento organico correcto..." (SANCHEZ, 1988, p. 26).

AUCOUTURIER (1986, p. 13) cita o seguinte: "...Há cerca de vinte anos, meus colegas e amigos de Educação Física começaram a sentir necessidade de uma evolução de seus ensinamentos, muito mecanicistas, muito centrados sobre o desempenho, introduzindo na prática diária uma aproximação mais relacional, uma escuta de necessidades e das motivações das crianças, acrescida de denúncias de um certo número de princípios pedagógicos e educativos inadaptados a seus ensinamentos."

Ressurgiu, então, na época, a Psicomotricidade, "o apogeu do movimento... graças a Senhora Soubiram e aos Senhores Mazo, Diamond, Vayer, Le Boulch, Azemas, Murcia, Camus e muitos outros, todos, no início, homens que iam a campo, praticantes" (id. p. 13).

"A partir de este momento, aparecen una serie de corrientes que enmarcan y definen la psicomotricidad desde punto de vistas diferentes..." (SANCHEZ, 1988, p. 17), porém, todas demonstram de uma forma ou de outra, apenas modificando a terminologia, que "o movimento é, antes de tudo, a única expressão e o primeiro instrumento do psiquismo" (Wallon, 1925 cit. em CAMUS, 1986, p. 22).

2.5. Campos de atuação

Para FRANCISCO RAMOS (1979, p. 65) e MELLO (1987, p. 33-35) existem três campos de atuação ou formas de abordagem da Psicomotricidade, a saber:
a) Educação Psicomotora;
b) Reeducação Psicomotora;
c) Terapia Psicomotora.

Embora possam ser confundidos, os autores acima identificados e ainda Maigre y Destrooper (cit. em RAMOS, 1979, p. 65) colocam características próprias de cada campo que os diferenciam.

As características são:

1. "El origen y la formacion profesional de los usuarios que contribuyen a crear ciertas estructuras mentales;

2. Los intereses profesionales que se evidenciam provocando oposiciones tales como:
— Educación o reeducacion;
— Pedagogia o terapia.

3. Las grandes corrientes del pensamiento:
— La psicologia cognitiva;
— La psicopedagogia;
— El movimiento psicoanalitico" (Maigre y Destrooper, p. 57 cit. em RAMOS, 1979, p. 65).

A diferenciação colocada por Ramos é em função de quem a ela se dirige:

"a) Una educacion psicomotriz cuando se dirige a los ninos de edad escolar;

b) Una reeducacion psicomotriz cuando se dirige a personas aquejadas de transtornos psicomotores;

c) Una terapia psicomotriz cuando los transtornos psicomotores están asociados a transtornos de personalidad."

As diferenças assinaladas por MELLO (987, p. 33-35) aproximam-se das de Ramos, sendo as seguintes:

1. Reeducação psicomotora: "Ocupa-se do atendimento individual ou em pequenos grupos de crianças, adolescentes e adultos, portadores de sintomas de ordem psicomotora..."

27

2. Terapia psicomotora: "...Crianças com grandes perturbações e cuja adaptação é de ordem patológica."

3. Educação Psicomotora: "Dirigida às crianças 'normais', atua como parte integrante da educação básica durante a fase pré-escolar e escolar."

Fundamentados nas colocações dos autores citados e no dicionário FERREIRA (1988, p. 557), onde se encontra: reeducar = tornar a educar e juntamente com o fato de que o *indivíduo com déficit mental apresenta um atraso em seu desenvolvimento psicomotor, não ocorrendo um ganho para depois uma perda,* caracterizamos as três áreas da seguinte maneira:

1. Educação psicomotora — parte do processo educativo do indivíduo independente de faixa etária, quando vivencia situações, implicando em movimentações/habilitações novas.

2. Reeducação psicomotora — movimentações utilizadas com o objetivo de possibilitar ao indivíduo o retorno da relação adequada com seu mundo e o mundo exterior.

3. Terapia psicomotora — movimentação utilizada para estabelecimento de relações adequadas que são prejudicadas por patologias.

2.6. Funções psicomotoras

Conforme MELLO (1987, p. 37) colocou "os estudiosos da Psicomotricidade não empregam uma classificação única e tampouco fazem uso de uma terminologia comum..." Em A. de MEUR e L. STAES (1984, p. 9) encontra-se a terminologia elementos básicos, em Mello utiliza-se funções.

Para efeito deste trabalho e como MELLO (1987, p. 37-39) afirmou "verifica-se, entretanto, que as diferentes classificações e terminologias aplicadas não denotam diferenças sensíveis entre as concepções dos autores...". Portanto, nomear-se-á a composição do universo psicomotor com a terminologia de Mello (id. p. 37-39): funções psicomotoras, que através de pesquisa coletamos o seguinte:

1. Tônus de postura: "é uma tensão dos músculos, pela qual as posições relativas das diversas partes do corpo são corretamente mantidas e que se opõe as modificações passivas dessas posições" (Rademaker, cit. por Coste, em MELLO, 1987, p. 38).

2. Dissociação de movimentos: "capacidade de individualizar os segmentos corporais que tomam parte na execução de um gesto intencional" (Fonseca, cit. por MELLO, 1987, p. 38).

3. Coordenações globais: "Colocação em ação simultânea de grupos musculares diferentes, com vistas a execução de movimentos amplos e voluntários mais ou menos complexos, envolvendo principalmente o trabalho de membros inferiores, superiores e do tronco" (id. p. 38).

4. Motricidade fina: "é o trabalho de forma ordenada dos pequenos músculos, englobam principalmente a atividade manual e digital, ocular, labial e lingual" (id. p. 38).

5. Orientação espacial: "capacidade de, diante de um espaço físico, perceber a relação de proximidade de coisas entre si (perto/longe, em cima/embaixo)" (ARCHER, 1983).

6. Orientação temporal: "capacidade de avaliar intervalos de tempo e estar ciente dos conceitos de tempo" (HURTADO, 1983, p. 95).

7. Ritmo: "ordenação específica, característica e temporal de um ato motor" (Meinel e Schabel, cit. em MELLO, 1987, p. 38).

8. Lateralidade: "educação da dominância lateral que se estabelece ao longo do crescimento" (HURTADO, 1983, p. 83).

9. Equilíbrio: "estado de um corpo, quando forças distintas se encontram sobre ele, compensam-se e anulam-se mutuamente" (id. p, 61).

10. Relaxamento: segundo Tubino (1979 cit. em MELLO, 1987, p. 39), "é o fenômeno neuromuscular resultante de unia redução de tensão da musculatura esquelética... o relaxamento diferencial responde pela descontração de grupos musculares que não são necessários à execução de determinado ato motor específico".

11. Imagem corporal: "é uma intuição de conjunto com conhecimento imediato em termos do nosso corpo e projeção estática ou em movimento, na relação de suas diferentes partes entre si e sobretudo nas relações com o espaço e os objetos que nos circundam" (LE BOULCH, 1983, p. 37).

12. Esquema corporal — é o conhecimento intelectual das partes do corpo e de suas funções (Poppovic, 1964, cit. em Bueno, 1997, p. 56).

A respeito desta dualidade terminológica, imagem corporal/esquema corporal, LE BOULCH (1986, p. 18) colocou o seguinte: "A ambigüidade introduzida por esta dupla terminologia cria a impressão de que existiria, por um lado, um corpo neurológico e, por outro lado, um corpo espiritual e teria que se fazer um esforço para unir os dois corpos."

Procurando finalizar esta dualidade colocamos que o esquema corporal é o mesmo para todos os indivíduos (de uma mesma idade e vivendo o mesmo clima), mas a imagem corporal é ao contrário, ou seja, própria *de cada um. Está ligada ao sujeito e sua história.*

A imagem do corpo é a síntese viva de nossas experiências emocionais, vividas repetitivamente através das sensações.

Isto significa que vamos nos servir do esquema corporal (é em parte consciente e em parte inconsciente) para a realização dos movimentos expressivos, com a finalidade de entrar em contato com a imagem do corpo, que é eminentemente inconsciente.

Graças à imagem do nosso corpo, intercruzando com o esquema corporal, podendo entrar em comunicação com o outro.

Realmente acreditamos que o indivíduo com distúrbio psicomotor realize um esforço para que seus elementos atuem de maneira adequada, pois como colocou GUILLARME (1983, p. 41):

O esquema corporal, portanto, tanto quanto uma realidade, é uma imagem. Ele extrai sua realidade do imaginário a que recorre. Melhor dizendo, o esquema corporal se constrói aos poucos, a partir de um corpo primitivo, inconsciente, que 'se encarna' ocasionalmente, no decurso de uma experiência de malogro, por ocasião de um bloqueio ou quando de uma dor. Quando pedimos a uma criança para mobilizar a imagem de seu corpo, dirigimo-nos, tanto a uma imagem esquecida, mitológica, fantasmática, quanto a uma representação intelectual claramente elaborada.

Em observações das aulas de natação de diversas escolas, pudemos verificar justamente que sobre "experiência de malogro", ou melhor, sobre experiências de malogro é que atualmente se constrói o ensino da natação, pois não observou-se uma preocupação em como chega ao aluno a informação do professor, mas que o aluno reproduza os exercícios descritos pelo professor somente, dentro de um processo de aprendizagem, orientado por teorias Conexionistas, ensaio e erro (Thorndike abud Clausse cit. em XAVIER, 1986, p. 4).

Conforme ALCOUTURIER (1986, p. 13) colocou, a Psicomotricidade surgiu da insatisfação dos profissionais de Educação Física, que não concordavam com a falta de respeito às dificuldades dos alunos em executar determinada movimentação.

Não se pretende criar uma nova forma de trabalho, mas sim humanizar (GILES, 1993, p. 73) as existentes, salientado, principalmente, o respeito quanto à dificuldade de aprender, colocando-se a natação adaptada (ARCHER, 1983), este trabalho, como uma proposta de ensino de natação para o indivíduo síndrome de Down que, pelas experiências realizadas, trazem benefícios maiores do que tão somente os observáveis em termos técnico-desportivos.

2.7. Objetivos da psicomotricidade

Os estudiosos da Psicomotricidade não traçam objetivos comuns. Em função da linha/forma de atuação, cada um determina os seus, mas podemos, entretanto, observar que as diferenças colocadas encontram um denominador comum que é estimular/desenvolver o que RAMOS (1979, p. 71) denominou de "disponibilidad corporal", ou seja, se o corpo não estiver disposto a introjetar as movimentações propostas por terapeutas/professores, não haverá um aumento no seu "repertório" de movimentações, persistindo em conseqüência, as dificuldades de relacionamento consigo e com os que lhe rodeiam.

Esta disponibilidade corporal será aumentada na proporção exata em que ocorrer:

"La consciência del cuerpo;

El dominio del equilíbrio;

El control y mas tarde la eficacia de las diversas coordenaciones globales y segmentares;

El control de la inhibicion voluntária y de respiracion;

La organizacion del esquema corporal y la orientacion en el espacio;

Una correcta estructuracion espacio-temporal;

Las mejores possibilidades de adaptacion al mundo exterior" (Picq y Vayer, 1977, p. 9).

De acordo com as definições dos estudiosos, as funções psicomotoras podem ser atingidas com o indivíduo síndrome de Down, de "forma substancial" (GILES, 1993, p. 67) através da prática dos estilos de nado. Desde que eles (estilos) sejam colocados ao aluno de maneira que ocorra um respeito às suas características próprias.

CAPÍTULO III

3. NATAÇÃO

Ao perguntar a leigos ou não sobre o que seja natação, certamente a maioria responderia com a descrição do estilo de nadar denominado Crawl.

Para não induzir ao mesmo erro, realizamos uma revisão bibliográfica na busca de definições, relacionando-as abaixo:

Federation Internationale Natation Amateur (1988, p. 1): "...Ação de autopropulsão e auto-sustentação na água que o homem aprendeu por instinto ou observando os animais."

JAYME WERNER DOS REIS (1987, p. 15): "A arte de nadar significa a técnica de deslocar-se na água por intermédio da coordenação metódica de certos movimentos."

FRANCO/NAVARRO (1980, p. 62): "...Nadar es la capacidad de desplazaes por la água una cierta distancia, por si mesmo y sin ayudas mecanicas com movimentos coordenados".

Guinovart (cit. em DAMASCENO, 1992, p. 21): "...Esporte de desenvolvimento por excelência, implicando na vontade de vencer a natural aversão à água fria, assim como a um elemento inabitual".

Esteva (cit. em DAMASCENO, 1992, p. 21): "...Consiste em manter-se a flutuar na água, mediante a ajuda de certos movimentos ordenados e segundo determinados princípios".

CATTEAU R., GAROFF G. (1988, p. 65): "...Toda prática de atividade humana na água e na sua superfície, que exclui uma subordinação permanente à utilização de acessórios ou de artifícios para atingir uma autonomia sempre maior face ao meio e que se exprime por um desempenho".

Baurkhardt e Escobar, 1985 (cit. em DAMASCENO, 1992, p. 22) "...Natação, habilidade de manter-se na água e locomover-se pela mesma sem tocar no fundo, podendo esta habilidade de nadar, ser executada sem preencher os requisitos dos quatro tipos de nado, mas sempre comprovando a completa ambientação do indivíduo ao meio líquido".

Como pode ser observado, todos os autores colocam como ponto em comum, ser a natação/nadar a movimentação realizada pelo indivíduo no meio líquido.

Com base no exposto, consideramos natação/nadar como a *movimentação dos membros realizada no meio líquido de forma coordenada e sistematizada, não ocorrendo necessariamente uma coerência entre a energia consumida, ganho de percurso e tempo decorrido.*

3.1. Estilos de nado

Estilo de nado é a denominação dada a determinada padronização de movimento dos membros e da função respiratória, recebendo seus respectivos nomes no decorrer do tempo.

Segundo a entidade mundial Federation Internationale Natation Amateur (FINA), que regulamenta as competições de natação "...a natação atualmente é praticada em quatro estilos: Crawl (comumente chamado de nado livre), Costas, Peito e Borboleta" (1988, p. 1).

3.2. Descrição dos estilos

Por ser necessário ao objetivo deste trabalho, serão descritos a seguir, os estilos Crawl e Peito, de forma sucinta, baseado nos seguintes autores: Fernando Navarro (1990), Cacilda Velasco (1994), Marianne Brens (1986).

3.2.1 Peito

Posição do corpo, cabeça, respiração:
— Decúbito ventral.
— Cabeça rompe a superfície da água durante todo o percurso.
— A cada braçada[6] ocorre uma elevação frontal da cabeça, ficando a água abaixo do queixo.
— A inspiração é efetuada pela boca.
— A expiração é efetuada pela boca/nariz no instante em que o rosto volta-se para baixo e as mãos projetam-se à frente. O nível da água permanece na raiz dos cabelos.

Braçada:
— Movimento simultâneo dos braços, sobre a água.
— A tração inicia com os braços estendidos à frente. As palmas das mãos estão voltadas para fora e empurram a água para trás até a altura do queixo. Durante este movimento os cotovelos permanecem altos.

---
[6] Ver glossário.

— Os cotovelos e as mãos aproximam-se do tronco e se projetam à frente com as palmas voltadas para baixo.

Pernada[7]:

— As pernas ficam paralelas à superfície e fazem os mesmos movimentos ao mesmo tempo.

— No ponto de partida as pernas estão estendidas e as coxas unidas.

— As pernas flexionam-se, as coxas permanecem unidas e os pés formam um ângulo reto. Na aproximação dos calcanhares ao quadril ocorre extensão total das pernas e a água é empurrada com a sola dos pés, permanecendo na angulação citada.

— Ao final da extensão as pernas unem-se e a planta dos pés estendem-se para facilitar o deslize.

Coordenação braçada/pernada:

— Os braços começam a puxada antes que as pernas comecem a pernada.

— Quando as mãos chegam à altura do queixo, as pernas iniciam a flexão.

ILUSTRAÇÃO I — Nado peito

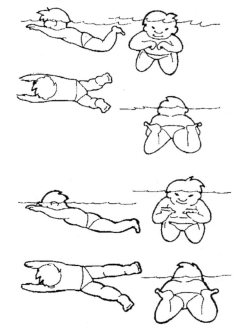

---
[7] Ver glossário.

3.2.2. Crawl

Posição do corpo, cabeça e respiração:
— Decúbito ventral.
— Rosto submerso, com a água na raiz dos cabelos.
— Rotação lateral da cabeça. A orelha oposta ficará submersa e a boca ficará acima do nível da água para realizar a inspiração.
A expiração ocorre quando o rosto volta-se para baixo. É feita pela boca/nariz e é total.

Braçada[7]:
Puxada[8]:
— A mão entra na água pela ponta dos dedos em frente aos ombros num ângulo de aproximadamente 45º com a superfície da água.
— O braço é estendido a uma distância máxima por braçada, após estar dentro da água.

Finalização[9]:
Quando a mão passa ao lado da coxa e o cotovelo rompe a água.

Recuperação[10]:
— Cotovelo alto.
— Movimentação alternada de braços.
— Mãos por fora da água.

Pernada:
— Tornozelos relaxados.
— Ocorre uma ligeira flexão de perna na movimentação para baixo.
— Somente o calcanhar rompe a superfície.

Coordenação braços/respiração:
— A movimentação lateral da cabeça inicia quando a mão está passando pela coxa e o cotovelo saindo da água.
— O retorno para a água ocorre durante a fase aérea.
— O braço oposto estará entrando na água.

---

[7] Ver glossário.
[8] Ver glossário.
[9] Ver glossário.
[10] Ver glossário.

ILUSTRAÇÃO II — Nado crawl

3.3. Fases do aprendizado na natação/estilos

Após a efetuação de uma pesquisa bibliográfica (Amaral, 1984, Machado, 1984), estabelecemos como etapas/fases do processo de ensino da natação e seus estilos, a seguinte ordem:

A — AMBIENTAÇÃO

Primeira fase do processo de aprendizagem da natação. Também denominada de adaptação ou mesmo familiarização.

Deve-se levar em consideração nesta fase:

1. O aluno está em um meio não comum a ele, ou seja, a água.
2. Durante a maior parte do dia o aluno encontra-se em posição vertical e na água é a horizontal. Com esta mudança ocorre a necessidade de acomodação do sistema labiríntico.
3. Modificação e conseqüente necessidade de adaptação quanto à temperatura do corpo em relação à temperatura da água e do meio ambiente.
4. Ambientação dos olhos ao meio líquido.
5. Familiarização do corpo com as propriedades físicas da água, a saber: densidade, empuxo e pressão.
6. O movimento respiratório que é realizado de forma automática no meio líquido, é diferente pelo fato de encontrar resistência durante a expiração.

Considera-se apto para a fase seguinte do processo de ensino dos estilos de natação, o aluno que apresentar os seguintes comportamentos:

1. Coloca seu rosto na água e o levanta diversas vezes sem demonstrar desconforto, ao mesmo tempo que expira. A expiração é verificada pelas "bolinhas" que o aluno faz, enquanto o desconforto é verificado pelas expressões faciais do aluno.
2. A abertura dos olhos é verificada quando se arremessa objetos no fundo da piscina e o aluno consegue pegá-lo.
3. Flutuar por determinado período de tempo.
4. Deslizar entre dois pontos.

Entende-se por flutuação "...a capacidade que tem o corpo de se manter à superfície de um líquido sem nenhum auxílio" (MACHADO, 1984, p. 6). E deslize como a flutuação com deslocamento, sem movimentação dos membros, existindo apenas um impulso inicial.

B — PROPULSÃO

"...Capacidade que tem o corpo de se locomover dentro da água com os próprios recursos" (id. p. 20).

Após demonstrar domínio no meio líquido, o aluno dará início ao deslocamento, o que Machado considera como Noção de Propulsão.

Esta propulsão é colocada aos alunos seguindo-se a movimentação do estilo crawl, que KURT WILKE (1989) e JOÃO LOTUFO (1976, p. 63) consideram a técnica de natação mais bem sucedida e abrevia o aprendizado dos demais estilos e para João Lotufo (1976) "...é o que mais se aproxima dos movimentos naturais do homem..."

Após uma revisão bibliográfica, consideramos as fases da propulsão como sendo as seguintes:

a) Noção de propulsão: Movimentação de braços e pernas livremente.

b) Propulsão das pernas/respiração: Movimento de pernas no estilo crawl com respiração frontal e lateral.

c) Propulsão dos braços/respiração: Movimento de braços no estilo crawl com respiração lateral.

d) Coordenação: Movimentos simultâneos de braços, pernas e respiração no estilo crawl.

C — MERGULHO

É a entrada do aluno na água. Pode ser efetuada de 2 maneiras:

1º Pelos pés: podendo ser parado ou finalizando uma pequena corrida.

2º De ponta: entrada de cabeça na água com os braços no prolongamento do corpo, queixo colado ao peito. Esta é a forma de entrada realizada por grande número de praticantes dos estilos de nado, pois coloca o aluno em posição de nado mais rapidamente, com exceção do estilo costas, ao contrário da posição de pé.

Conforme foi informado no início do item "Fases do aprendizado da natação", subitem Propulsão, a seqüência de movimentações colocada é resultado de uma revisão bibliográfica, onde há preferência pelo estilo crawl. É ainda colocado por KURT WILKE (1989) como sendo a mais eficiente e por JOÃO LOTUFO (1976, p. 64) como sendo "...o estilo que mais se aproxima dos movimentos naturais do homem, com pequenas variantes". Mas discordamos destas colocações.

A discordância fundamenta-se em CATTEAU e GAROFF (1988, p. 90). Os autores colocam: "...O esquema corporal constitui um sistema perceptivo normal que permite a acomodação motora ao mundo exterior. O esquema corporal é uma necessidade. Ele se constitui segundo as necessidades da atividade".

Se o esquema corporal é uma necessidade e constitui-se segundo as necessidades da atividade, por que o processo de ensino dos estilos de natação não respeita o processo de elaboração do esquema corporal? Onde, segundo Vayer, segue as leis de maturação nervosa:

— Lei cefalocaudal — O desenvolvimento estende-se através do corpo, desde a cabeça até as extremidades;

— Lei proximodistal — O desenvolvimento procede do centro para a periferia, a partir do eixo central do corpo (VAYER, 1977, p. 22, trad. ARCHER).

Segundo Kurt Wilke (1989), que sob nossa ótica, está mais preocupado com a perfeição técnica da movimentação, o estilo crawl é a técnica mais bem sucedida, pois permite realizar percursos mais longos e mais velozes. E o início do aprendizado ocorre pelas pernas, pelo fato de necessitarem mais tempo de aprendizagem.

Mas qual a necessidade de percorrer percursos longos e de forma mais veloz, quando o objetivo é ensinar o aluno tão somente a nadar? Se as pernas necessitam de mais tempo no processo de aprendizagem dos estilos de natação, deveria ser respeitado o colocado por Vayer no processo de elaboração do esquema corporal, os últimos elementos a integrarem o esquema corporal?

O objetivo desta pesquisa não é confrontar uma visão técnica com a psicomotora, mas sim seguir o que disse Freinet (in. COSTE, 1992, p. 45) a respeito da pedagogia: "...Querer ganhar tempo é, com freqüência, uma forma de chegar atrasado". Observamos a necessidade do aluno em ter a sua maturação do esquema corporal respeitada e a ocorrência da integração de cada movimento dos estudos de nado de forma progressiva, assimilando cada fase antes de adquirir uma nova.

XAVIER (1986, p. 2) coloca que "todo professor de Educação Física deverá saber contestar corretamente perguntas fundamentais como estas:

A — Qual o objetivo ou resultado a ser alcançado?

B — Quais os procedimentos mais adequados que poderemos aplicar?"

O objetivo a ser alcançado é o aprendizado dos estilos de natação. A discordância acontece em relação aos procedimentos que são utilizados no ensino destes estilos.

AJURIAGUERRA (1983, p. 98) coloca que "...Se é verdade que devemos considerar o organismo como um todo, também é verdadeiro que não podemos aprendê-lo em sua totalidade, e que as pesquisas fragmentárias são interessantes se consideram ou se referem, permanentemente, a uma determinada totalidade".

Tendo em vista que o aprendizado da natação ocorre de maneira mais eficiente quando inicia nas partes e vai para o todo e também em razão do número de estímulos oferecidos ao aluno na prática da natação ser muito grande, verificamos que o ensino dos estilos deve seguir a evolução natural do indivíduo, com respeito a evolução da representação mental que cada ser tem das suas possibilidades de movimentos e de suas limitações espaciais, o que ocorre se for respeitada as leis de maturação neurológica cefalocaudal e proximodistal e, em conseqüência, a formação do esquema/imagem corporal.

Considerando o aprendizado dos estilos de natação como um exercício psicomotor e, conseqüentemente, como estímulo na eficaz elaboração do esquema/imagem corporal ou mesmo estímulo na vivência corporal de cada indivíduo, ocorre uma facilidade de adquirir o "acesso ao prazer do corpo e do movimento" (COSTE, 1992, p. 74). Portanto, acreditamos ser obrigação do professor procurar todos os meios para facilitar o aprendizado dos estilos, pois como afirmam CATTEAU e GAROFF (1988, p. 60) "...a natação só será verdadeiramente uma atividade humana a serviço do homem quando sua pedagogia se libertar da rotina e se comprometer ativamente com a atitude experimental", ou seja, acreditamos ser necessário haver uma contestação dos atuais processos pedagógicos, os quais, em nenhum autor pesquisado houve demonstração de que a movimentação dos membros refletem o deslocamento de um indivíduo, mas somente do "envelope corporal" (Fonseca cit. in VELASCO, 1994, p. 45).

3.4 Natação competitiva

Conforme colocamos, o ensino da natação, sob nossa ótica, se constrói sobre experiências de malogro. Acrescentamos que uma atividade que se bem orientada poderia enriquece de forma significativa a educação do indivíduo síndrome de Down, porém para alguns é conduzida para outro caminho, valorizando em muito o malogro, é a competição.

A competição para Indivíduos Portadores de Necessidades Especiais é visualizada por nós, através de duas filosofias:

A — Vence o melhor;
B — Vence o melhor, de acordo com suas capacidades.

Em ambas as filosofias procura-se uma valorização do indivíduo que se destaca, ou seja, o vencedor, o que é extremamente lógico por se tratar de uma competição. Porém levantamos duas questões:

Somente um pode ser vencedor? Não se poderia valorizar de forma significativa o fato do indivíduo estar participando, ou melhor, ter condições de participar?

O aluno, em especial o síndrome de Down, possui em sua vida um cartel de não sucessos. Não poderiam os dirigentes desportivos valorizar um pouco mais o fator educativo em vez do fator competitivo permitindo a indivíduos com um rol de fracassos em suas vidas a alegria de participar com alguma possibilidade de vencer?

E esta alegria é tão fácil de ser oportunizada.

A competição ou o fato de poder participar de uma disputa, de sair de sua casa, viajar, compartilhar alojamento, banheiros, refeitório com outros indivíduos, enfim, sair do seu dia-a-dia, são aspectos de uma competição que por si só, justificam o direito de mais atletas disputarem um evento e não somente alguns de um grupo.

Em nossa labuta na Educação Especial, tivemos oportunidade de participar de competições orientadas por estas duas filosofias e nos foi possível mensurar a reação de atletas após suas participações, que nos foi marcante após verificarmos suas atuações em uma e em outra. A conclusão deixo por sua imaginação.

Não podemos deixar de citar o posicionamento de pessoas fundamentais na educação do indivíduo síndrome de Down, ou seja, seus pais. Somos de opinião que ao visualizarem seus filhos vencendo, mesmo com domínio não significativo dos estilos, eles recebem um reforço de seu investimento como pais. E este reforço, que não é financeiro, com certeza irá refletir em outro aspecto na vida do aluno/atleta.

CAPÍTULO IV

4. NATAÇÃO ADAPTADA

Após realizarmos uma revisão na bibliografia brasileira (Damasceno, Velasco) encontramos referência à natação adaptada (ARCHER, 1986) da seguinte forma: "...trabalho destinado a todos os chamados casos especiais onde se aplicam os fundamentos da Psicomotricidade no meio líquido, com o objetivo de obter a *re*abilitação[11] motora, funcional..." (VELASCO, 1993, p. 70).

Como benefício da prática da modalidade desportiva Velasco coloca como 1º item, a estruturação do esquema corporal.

Neste trabalho onde enfocamos explicitamente o síndrome de Down e o aprendizado dos estilos crawl e peito, sob uma ótica de que ele está em um processo de educação e não de reeducação psicomotora, ocorrendo em conseqüência uma estruturação do esquema corporal, definimos natação adaptada da seguinte forma:

Metodologia de ensino dos estilos de nado destinada a indivíduos com déficit psicomotor, onde ressaltam-se as funções psicomotoras no meio líquido, com o objetivo de obter a habilitação psicomotora, funcional, social, emocional do indivíduo; levando-o desta forma a demonstrar capacidade de execução dos estilos de nado como os demais praticantes da natação.

Conforme exposto, o objeto deste trabalho não é uma abordagem da Psicomotricidade sob uma forma terapêutica (terapia psicomotora), procedemos desta forma por não possuirmos subsídios eficientes para afirmar posição.

---

[11] O grifo é nosso.

4.1. Metodologia tradicional da natação

Na revisão bibliográfica realizada, mais especificamente sobre aprendizado dos estilos de natação em Catteau e Garoff (1988), foi encontrada a utilização de terminologia (esquema corporal), indissociável sob nossa ótica, quando se fala a respeito do aprendizado dos estilos de natação.

Segundo os autores acima epigrafados, "o esquema corporal constitui um sistema perceptivo normal que permite a acomodação motora ao mundo exterior... O esquema corporal é uma necessidade. Ele se constitui segundo as necessidades da atividade. Não é um dado inicial nem uma entidade biológica ou psíquica, é o resultado e a condição de relações justas entre o indivíduo e o meio" (id. p. 89 e 90).

Em tais condições, o esquema corporal é uma necessidade e se constitui segundo as necessidades da atividade. Na realidade concreta de que a maturação neurológica do indivíduo e, em conseqüência, a formação do esquema corporal ocorrem seguindo as leis de maturação neurológica céfalocaudal e próximodistal, cabem as seguintes questões:

— Deve o ensino dos estilos de nado para síndrome de Down seguir abordagem tradicional?

— O ensino da natação para o indivíduo síndrome de Down, além da prática de um desporto, não seria a prática de uma educação psicomotora?

4.2. Didática para o indivíduo síndrome de Down

Sob a ótica da natação ser mais do que o aprendizado de um desporto, é fundamental que o professor que se proponha a desenvolver suas atividades profissionais com o indivíduo síndrome de Down, atue orientado sob princípios que não entrem em contradição com a visualização de que a natação "...não é apenas uma experiência do meu corpo no mundo e é ele que dá um sentido motor a um sinal verbal" (Ponty cit. em AJURIAGUERRA, 1983, p. 338), pois, entende-se a execução de um estilo de nado como a demonstração motora de um estímulo cognitivo, que é extremamente significativo em função do meio em que é realizada a demonstração motora.

"Educar através do meio líquido pode e deve ser prerrogativa que deveriam os professores de Educação Física ter, quando, visando o cumprimento da missão de educadores..." (ARAÚJO Jr. 1993, p. 61).

Através desta colocação é fundamental que o professor visualize e atue com seu aluno síndrome de Down não somente como um indivíduo que veio para a aula de natação para praticar um desporto, mas que através dela, ocorrerá um autoconhecimento, uma vivência de seu corpo, uma vivência do seu eu no mundo.

Fundamentados em experiência profissional, concluímos que a natação é uma situação onde o síndrome de Down é reconhecido em nossa sociedade simplesmente por ter condições de realizar algo de forma adequada, pois demonstra, através da prática desportiva, que *é capaz*, como qualquer outra pessoa. E é também reconhecido como indivíduo, pelas suas virtudes, não pelas suas dificuldades. A visão do síndrome de Down como competente, portanto, com condições de assimilar o proposto nas aulas de natação é de responsabilidade do professor de Educação Física pela sua própria formação acadêmica. A postura do professor, se tradicional ou em um contexto holístico do indivíduo síndrome de Down é o referencial para o desenvolvimento e, em conseqüência, posicionamento de toda uma classe profissional e de uma atividade desportiva no universo da Educação Especial, mais especificamente de educação do indivíduo síndrome de Down.

4.3 Estilos de nado/Psicomotricidade

Conforme foi colocado ressaltam-se as funções psicomotoras no meio líquido na natação adaptada, porém, na prática dos estilos de nado em questão, com qualquer objetivo que seja, a Psicomotricidade está presente, pois:

"Los ejercicios de flotación pretendem el perfecto domínio del cuerpo en el agua. El alumno debe, tener um perfecto conocimiento de la posición de los distintos segmentos de su cuerpo mientras están en el água.

Um bueno aprendizaje en natación significa tener una correcta flotación y un perfecto control cinestesico... para realizar un movimiento eficaz, hay que situarlo convenientemente en el espacio y en tiempo, es decir conocer la forma y el ritmo" (NAVARRO, 1990, p. 64).

Para Picq, L. y Vayer, P. (1977, p. 9), a Psicomotricidade:

"Se tratará de obtener:
— la consciencia del cuerpo proprio;
— el domínio del equilibrio;

— el control y más tarde la eficacia de las diversas coordinaciones globales y segmentares;
— el control de la inhibición voluntária y de la respiración;
— la organización del esquema corporal y la orientación en el espacio;
— una correcta estruturación espacio-corporal;
— las mejores posibilidades de adaptación al mundo exterior."

Observando as fases do aprendizado dos estilos de natação, verificamos:

— Flutuação e deslize: somente poderão ocorrer quando existir uma consciência do próprio corpo, tônus de postura e domínio do equilíbrio.

— Propulsão: ocorre quando o indivíduo realiza de forma adequada e coordenada, os movimentos das pernas e braços, ou seja, uma coordenação global e segmentar eficaz, ritmo adequado, orientação espacial temporal e relaxamento.

— Respiração: utilização adequada das funções respiratórias, lateralidade, orientação espacial e temporal.

— Mergulho: domínio orientado do corpo no espaço.

Estes comportamentos (flutuação, propulsão, mergulho), *só podem ser emitidos com eficaz domínio do esquema/imagem corporal.*

4.4. Movimentação dos estilos/Psicomotricidade

Realizando uma análise da movimentação específica dos estilos crawl e peito, reafirmamos o vínculo natação/Psicomotricidade. A seguir colocamos o movimento de cada estilo (crawl, peito) e as funções psicomotoras envolvidas:

Movimentação de braços
— imagem corporal
— tônus de postura
— orientação temporal
— orientação espacial
— ritmo
— dissociação
— relaxamento

Movimentação de pernas
— imagem corporal

— tônus de postura
— orientação temporal
— orientação espacial
— ritmo
— dissociação
— relaxamento
Respiração
— imagem corporal
— orientação temporal
— orientação espacial
— ritmo
— lateralidade
Nado completo(peito, crawl)
— imagem corporal
— tônus de postura
— dissociação de movimento
— coordenações globais
— orientação temporal
— orientação espacial
— ritmo
— lateralidade
— equilíbrio
— relaxamento

Conforme pode ser observado, os estilos de nado estão vinculados com as funções psicomotoras *não havendo, desta forma, possibilidade de dissociar o ensino dos estilos com a Psicomotricidade.*

Ao propormos o ensino dos estilos de natação para indivíduos síndrome de Down, na natação adaptada, orientamo-nos pelo fato de que "entre a mobilidade e a consciência há uma relação imediata" (H. Bergso, L'Évolution créatrice cit. em CHAZAUD, 1978, p. 5).

Portanto, *ao induzir o aluno ao aprendizado dos estilos, está se dando significado ao movimento,* o que deixa de ser tradicional no processo de ensino dos estilos, podendo sugerir uma ação terapêutica, caracterizando desta forma a natação adaptada não somente como um processo educativo dos estilos de nado, mas como um processo de, no caso específico do síndrome de Down, educação psicomotora na água, ou uma "forma de reeducação psicomotora na água", para alguns (ARCHER, 1986).

4.5. Progressão pedagógica para síndrome de Down

Considerando o aluno com domínio do corpo na água (fase de ambientação) inicia-se o aprendizado dos estilos de nado.

No "Programa Experimental de Aprendizagem de Natação" que Damasceno (1992) utilizou para verificar o desenvolvimento psicomotor de alunos síndrome de Down, na 2ª etapa — propulsão, na aula consta a seguinte progressão pedagógica[12]:

"Em pé dentro da piscina, segurando a borda com as mãos e mantendo os braços esticados à frente, cada aluno, ao comando do professor, bate as pernas no estilo de nado Crawl" (id. p. 113).

Como pode ser observado, as propostas de Damasceno seguem a metodologia tradicional do ensino dos estilos de natação. O próprio autor coloca que "...durante o desenrolar do Programa Experimental de Aprendizagem da Natação Aplicada, levou a conclusão de que algumas reformulações parecem necessárias" (id. p. 75).

Estas reformulações sugeridas por Damasceno encontram ressonância quando compara-se a metodologia tradicional com a maturação neurológica do indivíduo (lei de maturação neurológica cefalocaudal e próximo-distal).

Conforme Damasceno coloca no Programa, há benefício em funções psicomotoras (coordenação óculomanual, controle do próprio corpo, organização perceptiva e linguagem), que ao nosso ver, não são diretamente "trabalhadas" em natação (linguagem).

Conforme DAMASCENO (id. p. 74): "a administração de um Programa de Natação pode não se apresentar como suficiente para promover o desenvolvimento desta variável". No caso a variável é a coordenação dinâmica, que faz deduzir que a progressão pedagógica utilizada, por não compactuar com a seqüência da formação do esquema corporal, não é eficaz.

Ao colocar que "pode-se supor que somente através de um Programa de Natação objetivando os aspectos formal ou esportivo-competitivo... é que seriam conseguidos progressos nessa área psicomotora" (id. p. 74). Podemos observar que Damasceno demonstra sua insatisfação com a proposta pedagógica utilizada, porém esta assemelha-se significativamente aos exercícios utilizados na metodologia tradicional que relata quando descreve as etapas do referido programa.

---

[12] Seqüência de exercícios para aprendizado do movimento.

4.6. Motivação/Progressão pedagógica

Observando a classificação das necessidades segundo Maslow (cit. em SARMENTO, CARVALHO, FLORINDO e RAPOSO, 1982, p. 103): "1º Princípio de Dominância: enquanto uma necessidade básica não está satisfeita, as outras, no geral, não exercem grande influência no comportamento do indivíduo".

Com base em observações no cotidiano profissional, afirmamos que a primeira necessidade do indivíduo, já ambientado, ao entrar na água, é o deslocamento, não importando sua qualidade técnica. Sendo o deslocamento a primeira necessidade, colocamos a seguinte questão:

Ele ocorre primeiro com movimento de pernas ou de braços?

Baseado em Reis (1987, p. 56), afirmamos que o movimento de braços provoca um deslocamento mais facilmente que o movimento de pernas.

Acreditamos que os demais movimentos utilizados para o aprendizado dos estilos serão melhor assimilados se as necessidades básicas forem atendidas e, em conseqüência, aumentarem a motivação do aluno em apresentar novas movimentações. Baseado no 2º Princípio: "Quando consegue satisfazer uma necessidade, outra se revela" (Maslow cit. em SARMENTO, CARVALHO, FLORINDO e RAPOSO, 1982), com certeza, aumentará a possibilidade de aprendizado em movimentações que consideramos, com base na observação diária, mais complexas para a assimilação do aluno (pernas).

Experiências de investigação em indivíduo síndrome de Down e não síndrome de Down demonstraram ser a movimentação de braços simétricas, semelhante à do estalo de peito, conjugadas com movimentações de pernas semelhantes ao estilo crawl, os componentes primários dos movimentos básicos do indivíduo quando estão na água, já ambientalizados.

4.7. Informações necessárias para o desenvolvimento da proposta pedagógica (ARCHER, 1991).

4.7.1. Tempo de Aula/Alunos por Turma

Quando iniciamos nossas atividades profissionais (1982) e em função do pouco conhecimento que tínhamos a respeito do assunto, realizamos pesquisa bibliográfica. A literatura na época era praticamente nula e a existente não nos informava de maneira adequada.

Iniciamos as aulas com o tempo de 45 minutos, com dois alunos. Após algumas sessões, observando o desempenho de cada aluno e, principalmente, a individualidade, concluímos o seguinte:

— cada aluno tem seu histórico em termos de estimulação, terapias de apoio, disponibilidades familiares;

— com dois alunos, ao dar atenção a um deles, o outro ficava disperso;

— o tempo de 45 minutos causava um desgaste físico e psicológico ao professor e aos alunos em razão da constante estimulação.

Em razão destas conclusões, estipulou-se o seguinte:

— aula de 30 minutos;

— atendimento individual no início do processo de aprendizado com no máximo 2 alunos após ter sido superada a fase de ambientação.

O tempo de aula demonstrou-se adequado com o desenrolar dos anos, fator este mensurado na observação do desempenho e, principalmente, pelo fato que as paradas que ocorreram (feriados, férias e outros) não prejudicaram o aprendizado. O aluno não esquecia o já aprendido.

4.7.2. Desenvolvimento da aula

Inicia-se a aula com uma avaliação do aluno "naquele dia", em seguida verifica-se o domínio de movimentos abordados em aulas anteriores. Executa-se o "já visto" para firmar o domínio. O número de movimentos novos em cada aula é pequeno (1, 2, 3), podendo aumentar em razão da disponibilidade corporal do aluno na aula.

4.7.3. Temperatura da água/profundidade

Definir uma temperatura ideal, para nós, é utópico, por ser cada piscina um ambiente físico próprio, refletindo uma realidade. As aulas foram desenvolvidas em uma temperatura variável da água entre 30º (verão) e máximo de 32º (inverno). É necessário que a temperatura da água seja confortável ao aluno pois senti-la fria ou excessivamente quente implicaria aspectos fisiológicos e comprometeriam o aspecto psicológico do aluno e, conseqüentemente, o aprendizado.

No que se refere à profundidade da piscina, eleger determinada metragem é desconsiderar as realidades existentes em razão de uma situação singular. Em função desta postura, coloca-se que a profundidade deva ser a que inspire confiança e segurança ao aluno.

4.7.4 O que o professor deve saber a respeito do aluno

O aluno síndrome de Down, em sua maioria, submete-se a um número significativo de atendimentos profissionais (fisioterapeuta, fonoaudiólogo, psicólogo e outros). Objetivando ter um perfil do aluno e com estes subsídios moldar as atitudes didático-pedagógicas, o professor deve realizar antes do início das aulas, uma reunião com os pais dos alunos e coletar as seguintes informações:

— onde estudam;
— atendimentos: médico/clínico, psicológico, fisioterápico;
— há quanto tempo é "trabalhado"[13];
— quem indicou (profissional, amigo);
— diagnóstico.

Nesta reunião o professor deve:
— realizar um levantamento das expectativas da família no trabalho com o aluno;
— expor à família a filosofia do trabalho que será desenvolvido;
— informar-se do comportamento/relacionamento em casa, na escola, com os amigos.

Havendo necessidade deve-se entrar em contato com outros profissionais para informação do atendimento que é realizado com o aluno e posicionando-se como profissional.

4.7.5. Primeiro contato

No primeiro contato com o aluno, o professor, deve:
— ser *Amigo;*
— mostrar o ambiente da piscina;
— deixá-lo à vontade;
— não ter "pena";
— oportunizar que ele proponha brincadeiras;
— SENTIR a criança e não apenas DEMONSTRAR que sente.

4.7.6. Idade inicial

Em função de nossa experiência profissional e do objetivo deste trabalho, informamos que o aprendizado nos estilos de nado pelos nossos alunos iniciou-se quando tinham 7 anos de idade cronológica. Estabelecer

---
[13] Ver glossário.

esta faixa etária para todos os indivíduos síndrome de Down, consideramos contradição, por entender que cada um possui uma história de vida e características próprias. Os trabalhos desenvolvidos com faixa etária inferior, consideramos mais no aspecto de estipulação psicomotora/desportiva.

4.8. Dados preliminares

Este estudo desenvolveu-se em uma entidade que possui características que destoam de forma significativa das características de uma escola de ensino especial.

A entidade referida, um clube, neste caso, Clube Curitibano, criado para desenvolver atividades sociais, artísticas, culturais e desportivas não possui vínculo de qualquer espécie com o ensino especial e com pesquisas pedagógicas.

A pedido dos sócios que possuem filhos síndrome de Down, foi estruturado o atendimento a eles.

Ao longo dos anos (1982-1990) utilizamos em nossas aulas com tais alunos, a metodologia tradicional de ensino dos estilos de nado, embora procurando desenvolvê-la de forma distinta da usual, isto é, sempre buscando alternativas didático-pedagógicas através da freqüência em cursos, estágios, e outros; recebendo significativo apoio das presidências e diretorias de esporte do clube.

Somente em 1991 concluímos a proposta metodológica apresentada neste trabalho e a colocamos em prática a partir de 1992.

Embora houvessem variáveis que interferiram de forma significativa e conseqüentemente dificultaram a realização de observações e coleta de dados que pudessem dar suporte estatístico à nossa proposta metodológica, o trabalho contínuo com um grupo de alunos possibilitou que dados importantes fossem registrados.

As limitações do trabalho foram:

a) *Constância da clientela:* as aulas não possuíram vínculo formal como acontece com a instituição escola, assim, a freqüência dos alunos e a permanência de ano para ano não foi constante. Os fatores responsáveis por este item, pelo que pudemos concluir são:

1) Expectativa familiar quanto a um rápido aprendizado;
2) Instalações físicas com problemas constantes (temperatura da água);

3) Condições climáticas variáveis, combinadas com ambiente físico da piscina;
4) Custo financeiro.

b) *Suporte logístico —atividades paralelas*: em razão da estrutura organizacional de um clube não ter sido estabelecida para este tipo de atividade e o professor responsável por ela ter outras funções na estrutura administrativa do clube, não houve suporte logístico para a realização de pesquisa formal.

c) *Número de alunos*: conforme colocado no item a, as aulas não possuíram vínculo com nenhuma instituição escolar. O clube é uma instituição particular com objetivos definidos, sem visar lucros financeiros. As aulas destinam-se aos filhos de sócios, principalmente.

d) *Dados estatísticos:* trabalhamos dois grupos distintos, com idade cronológica superior a oito anos, que possuíam domínio da fase da ambientação. O sexo dos alunos não foi considerado para efeitos estatísticos.

GRUPO A: com domínio no estilo crawl — 3 alunos.
GRUPO B: sem domínio em qualquer estilo — 7 alunos.

O aprendizado do estilo crawl, para os alunos do grupo A, seguindo a metodologia tradicional, ocorreu em 140 aulas (1982-1984).

O domínio do estilo peito, seguindo a proposta apresentada neste trabalho, ocorreu em oito aulas.

GRUPO A — estilo peito

MOVIMENTO	NÚMERO DE AULAS
Braço de peito	3
Respiração de peito	3
Coord. respir. braço	2
Perna de peito	4
Coord. braço-perna	4
Nado peito	8

EXPLICAÇÃO: nas aulas foram trabalhados mais de um objetivo.

GRUPO B — estilo básico, crawl, peito

MOVIMENTO	NÚMERO DE AULAS
Braço de peito	5
Perna de crawl	5
Coord. braço-perna	5
Respiração frontal	5
Coord. braço-respir.	10
Nado estilo básico	35

EXPLICAÇÃO: nas aulas foram trabalhados mais de um objetivo. Após 35 aulas, 5 alunos demonstraram domínio no estilo básico.

Braço de crawl	15
Coord. braço-perna	10
Respiração de crawl	20
Coord. braço-respir.	30
Nado crawl	75
Perna de peito	15
Coord. perna-braço	10
Peito completo	30

Observa-se que o aprendizado com a metodologia tradicional, para o estilo crawl, ocorreu em 140 aulas, enquanto que na proposta agora apresentada, o domínio dos estilos básico e crawl ocorreram em 110 aulas. Uma eficiência no aprendizado que é representada por um número de aulas 21 % menor.

Os resultados são apresentados pela média.

Para efeito deste trabalho temos como parâmetro para estabelecimento do estilo, o que consta no item 3.2.

4.9. Proposta metodológica

Seqüência de ensino:
— Braço peito — perna crawl — coordenação braço/perna — respiração frontal — coordenação braço/respiração — nado estilo básico.
— Braço crawl — perna crawl — coordenação braço/perna — respiração — coordenação braço/respiração — nado estilo crawl.
— Perna peito — coordenação braço/perna — nado estilo peito.

Braços

Partindo-se de parte dos movimentos para o todo do estilo e iniciando o aprendizado dos estilos pela movimentação dos braços, o dividimos seqüencialmente em 3 partes: ombro, cotovelo, mãos. Esta divisão segue a lei de maturação próximo-distal somada à necessidade de contornar a patologia do "hipocampo, interaciones cortico-hipocampicas" e dos "lobulos pre-frontales".

Este procedimento objetiva oferecer ao aluno o conhecimento parcial do movimento para posterior execução global, pois "...toda aprendizagem motora passa por uma diferenciação dos elementos do esquema corporal", pois "o indivíduo será tanto mais rico em possibilidades motoras e em possibilidades de adaptação à medida que seu esquema corporal for diferenciado" (LAPIERRE, 1982, p. 49).

Pernas

Na bibliografia que tivemos acesso (MACHADO, SILVA, LENK, PALMER, NAVARRO, WILKE), a movimentação de pernas é colocada ao aluno da seguinte forma:

"Deitado, braços esticados segurando a prancha, rosto na água, mexer as pernas."

As correções quanto a um excesso de flexão, tônus rígido ou submersão excessiva são efetuadas verbalmente pelo instrutor enquanto o aluno realiza o movimento (metodologia tradicional).

Criticamos esta metodologia por entendermos que a mesma dificulta ao aluno o entendimento das orientações, frustando-o e, em conseqüência, desmotivando-o quanto às suas necessidades.

Para MAGUILL (1984, p. 55), "a informação necessária para o desempenho de uma habilidade motora é sentida pelos receptores visuais, auditivos e proprioceptores do sistema sensorial".

Na metodologia tradicional, acima colocada, os receptores visuais não são utilizados, havendo um prejuízo na informação recebida pelo aluno.

Levando-se em consideração que no síndrome de Down "...existem alterações estruturais dos neurônios, do aparelho receptor de informações e há também uma diminuição de algum tipo de neurotransmissores que atuam de mensageiro de informações" (MARDOMINGO, 1991, p. 40) haverá, conseqüentemente, uma lentidão para captar a informação, processá-la, elaborá-la e emitir uma resposta adequada se for utilizada somente a via auditiva para informação.

Elaboramos uma progressão pedagógica dos membros inferiores dividindo "o ato motor em 3 partes" (RIES, TARGA e SETTINERI, 1979) que a seguir descrevemos comparando-a com a proposta metodológica.

"A) etapa planificativa, corresponde a evocação do engrama motor.	A) exercício no degrau com apoio.
B) etapa informativa, corresponde às aferências sensitivo-sensoriaís.	B) exercício sem apoio.
C) etapa executiva, corresponde ao arranque e descida dos impulsos motores" (RIES, TARGA e SEMNERI, 1979, p. 59).	C) exercícios em decúbito ventral.

Coordenação braço-perna estilo básico

Após o aluno receber a informação a respeito das movimentações dos membros e mostrar domínio sobre as mesmas, iniciam-se os movimentos globais.

Conforme colocamos, a movimentação simétrica dos braços, semelhante ao estilo peito, conjugada com movimentações de pernas semelhantes ao estilo crawl são os componentes primários dos movimentos básicos dos indivíduos quando estão no meio líquido, já ambientalizados.

Respiração

Entre os movimentos realizados quando da execução dos estilos de nado (crawl e peito) o que apresenta maior dificuldade para o aluno assimilar é o respiratório.

Este movimento "...devido à sua dupla inervação, automática e voluntária está na encruzilhada do consciente — inconsciente" (LAPIERRE, 1982, p. 75).

Quando realizada fora do contexto da natação, a respiração é automática, portanto o aluno não a sente, já no meio líquido, mais precisamente quando do aprendizado dos estilos de nado, ela tem o momento correto para ser executada (voluntária), portanto, deve ser sentida.

Levando-se em consideração que o síndrome de Down tem dificuldade para interpretar as informações, organizar integração de seqüências novas, elaborar pensamentos abstratos e que o movimento respiratório não é concreto, colocamos esta fase do aprendizado apoiada na via sensitiva do tato (inicial) para condução à via visual.

Respiração coordenada com braço estilo peito

Durante a movimentação dos membros superiores no estilo peito, ocorre uma flexão, havendo uma natural elevação da cabeça propiciando o correto instante da inspiração. Na extensão dos membros superiores, a cabeça retorna à sua posição inicial ocorrendo a expiração.

O domínio destes movimentos (braço-peito, perna-crawl e respiração frontal) denominamos de estilo básico.

Demonstrado o domínio do estilo básico, parte-se para o aprendizado da movimentação dos membros superiores no estilo crawl.

Após a aprendizagem desta movimentação, orientamos quanto à respiração do estilo. Nesta fase do aprendizado já ocorre um domínio da inspiração e da expiração, não havendo necessidade de utilizarmos metodologia diferente da tradicional.

Como último elemento a ser integrado colocamos a movimentação dos membros inferiores no estilo peito. Procedemos desta forma, pois o movimento acima citado não assemelha-se a nenhum movimento natural do indivíduo, o que não ocorre na movimentação dos membros inferiores do estilo crawl.

Seguindo-se o descrito na proposta metodológica, referente ao aprendizado do movimento dos membros inferiores no estilo peito e a "vivência" que o aluno submeteu-se durante todas as fases da proposta metodológica, afirmamos que a construção do "engrama motor" (RIES, TARGA e SETTINERI, 1979, p. 56) no movimento dos membros inferiores no estilo peito não será de difícil assimilação.

Conforme observado na descrição dos exercícios da proposta metodológica procuramos utilizar os receptores visuais, auditivos e proprioceptores do sistema sensorial (MAGIIL, 1984, p. 55) e do esteroceptor através do tato (RIES, TARGA e SETINERI, 1979).

Na utilização sistemática destes receptores e com insistência na utilização de um ou outro em função do movimento proposto (propriocepção-braço, visão-pernas, tátil/visual-respiração), procuramos contornar a dificuldade do síndrome de Down em processar formas específicas de informação sensorial, organizar a resposta e, conseqüentemente, organizar uma seqüência nova e deliberada, mantendo sua atenção para continuar uma tarefa específica.

Atuando desta maneira estimulamos "...a representação mental que faz o indivíduo de seu próprio corpo, a consciência que ele tem de cada uma de suas partes, da sua situação respectiva e da unidade do conjunto, a consciência, enfim, da sua identificação com esse eu corporal" (LAPIERRE, 1982, p. 45) facilitando desta forma o aprendizado dos estilos de nado pelo síndrome de Down.

Braço de peito

Todas as movimentações ocorrem com o aluno dentro da piscina.

1) Posição Inicial: Aluno em pé, braços em extensão ao lado do corpo.

Execução: Movimentação indeterminada dos ombros, sem flexão dos membros superiores (MMSS).

Objetivo: Reconhecimento da mobilidade do ombro — esquema corporal.

2) *P.I.*: Mesma que anterior.

Execução: Igual a anterior, mas com deslocamento (andando), com pequena flexão dos membros inferiores (MMII).

Objetivo: Mesmo que o anterior, acrescentando coordenação global e orientação espacial.

3) *P.I.*: Decúbito ventral, braços em extensão ao lado do corpo.
Execução: Movimentação indeterminada dos ombros, sem flexão dos MMSS.
Objetivo: Reconhecimento da mobilidade do ombro — esquema corporal — apnéia — equilíbrio — relaxamento — tônus de postura.

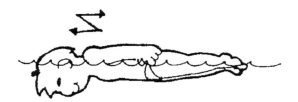

4) *P.I.*: Mesma que anterior.
Execução: Movimentação indeterminada dos ombros, sem flexão dos MMSS com movimentação dos MMII livremente.
Objetivo: Os mesmos que o anterior, acrescentando coordenação global e orientação espacial.

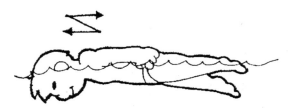

5) *P.I.*: vide exercício nº 01.
Execução: Rotação dos ombros simultaneamente com os MMSS estendidos ao lado do corpo. Sentido da rotação: ântero-posterior superior.
Objetivo: vide exercício nº 01.

6) *P.I.*: vide exercício nº 01.
Execução: vide exercício nº 05, acrescentando deslocamento (andando), com pequena flexão dos MMII.
Objetivo: vide exercício nº 02.

7) *P.I.*: vide exercício nº 03.
Execução: vide exercício nº 05.
Objetivo: vide exercício nº 03.

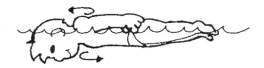

8) *P.I.*: vide exercício nº 03.
Execução: vide exercício nº 05 com movimentação dos MMII livremente.
Objetivo: vide exercício nº 04.

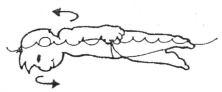

9) *P.I.*: Aluno em pé, MMSS flexionados, com os cotovelos encostados na parede lateral interna da piscina.
Execução: Rotação dos ombros simultaneamente, orientar o aluno para que desenhe um "coração", encostados um cotovelo no outro. Sentido da rotação: ântero-posterior superior.
Objetivo: Reconhecimento da mobilidade do ombro — esquema corporal — orientação espacial — orientação temporal.

10) *P.I.*: Aluno em pé, MMSS flexionados, com os dedos encostados no ombro, de costas para a borda da piscina.
Execução: Rotação dos ombros simultaneamente. Orientar o aluno para que um cotovelo encoste no outro. Sentido da rotação: ântero-posterior superior.
Objetivo: vide exercício nº 09.

11) *P.I.*: vide exercício nº 10.
Execução: vide exercício nº 10 com deslocamento (andando), com pequena flexão de MI.
Objetivo: vide exercício nº 09 acrescentando coordenação global.

12) *P.I.*: Aluno em decúbito ventral, MMSS flexionados, com os dedos encostados no ombro.
Execução: vide exercício nº 10.
Objetivo: vide exercício nº 02.

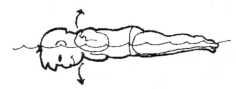

13) *P.I.*: vide exercício nº 10.
Execução: vide exercício nº 10, com movimentação de MMII livremente.
Objetivo: vide exercício nº 03.

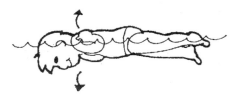

14) *P.I.*: Aluno em pé, de frente para a borda da piscina, MMSS em extensão frontal, com os dedos encostados na parede lateral interna da piscina.

Execução: Rotação dos ombros, MMSS estendidos, orientando o aluno que com a ponta do dedo médio desenhe um coração (batendo palmas das mãos próximas ao peito).

Objetivo: Esquema corporal, orientação espacial, orientação temporal.

15) *P.I.*: Aluno em pé, de costas para a borda da piscina, MMSS em extensão frontal, com os dedos encostando na superfície da água.

Execução: vide exercício n° 14, empurrando água para trás e bater palma na altura do peito.

Objetivo: vide exercício n° 14.

16) *P.I.*: vide exercício n° 15.

Execução: vide exercício n° 14 acrescentando deslocamento (andando), com pequena flexão de perna.

Objetivo: vide exercício n° 14.

17) *P.I.*: Aluno em decúbito ventral, MMSS estendidos no prolongamento do corpo.
Execução: vide exercício nº 15 sem movimentação de perna.
Objetivo: Esquema corporal, apnéia, equilíbrio, relaxamento, tônus de postura, orientação espacial e temporal.

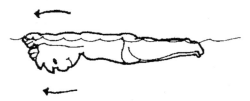

18) *P.I.*: vide exercício 17.
Execução: vide exercício 14, com movimentação de pernas livremente.
Objetivo: vide exercício 17.

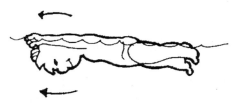

Movimentação dos MMII no estilo crawl.

1) *P.I.*: Aluno sentado em um degrau ou colchonete com apoio das pernas e sola do pé encostada na parede lateral interna da piscina, apoio das mãos no chão, atrás do corpo.
Execução: Movimentos dos MMII para cima e para baixo sem flexioná-los.
Objetivo: Coordenação global, esquema corporal, ritmo, dissociação de movimento, visão e percepção do movimento.

2) *P.I.*: A mesma que a anterior com as mãos sobre as pernas.
   Execução: idem anterior.
   Objetivo: idem anterior.

3) *P.I.*: A mesma que a anterior, mas com os olhos fechados.
   Execução: idem anterior.
   Objetivo: idem anterior sem visão do movimento.

4) *P.I.*: Idem anterior, com as mãos apoiadas atrás do corpo.
   Execução: idem anterior.
   Objetivo: idem anterior, sem visão do movimento.

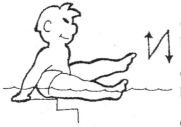

5) *P.I.*: Aluno sentado em um degrau ou colchonete sem apoio nas pernas.
   Execução: Movimento alternado dos MMII para cima e para baixo, com pequena flexão.
   Objetivo: Esquema corporal, ritmo, dissociação dos movimentos, visão e percepção do movimento.

6) *P.I.*: Idem anterior, com as mãos sobre as pernas.
   Execução: Idem anterior.
   Objetivo: Idem anterior.

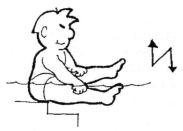

7) *P.I.*: Idem anterior, com olhos fechados.
   Execução: Idem anterior.
   Objetivo: Idem anterior, sem visão.

8) P.I.: Idem anterior, com as mãos apoiadas atrás do corpo.
   Execução: Idem anterior.
   Objetivo: Idem anterior.

9) *P.I.*: Decúbito ventral, com apoio no tronco, MMSS em extensão no prolongamento do corpo.
   Execução: Idem anterior.
   Objetivo: Idem anterior.

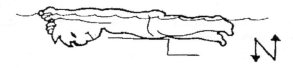

Obs.: Havendo necessidade de auxílio do professor para que o aluno compreenda melhor o movimento, colocamos o seguinte:
— Exercícios 5, 8 e 9 —

1) Professor ao lado do aluno, elevação de um dos braços estendido do professor, colocando-o abaixo dos joelhos do aluno. O outro braço estendido deverá ser colocado na parte anterior dos MMII do aluno, na altura do tornozelo.
Objetivo: Limitação da amplitude da movimentação dos MMII (orientação espacial).

2) Exercício 9. Professor ao lado do aluno. Cada mão do professor deverá pegar com o polegar na parte posterior do joelho do aluno e os demais dedos na parte anterior. A palma da mão do professor deverá estar apoiada na parte externa do joelho. Os polegares das mãos do professor deverão estar voltados para os pés do aluno. A mão direita deverá segurar o joelho do MI direito do aluno e a mão esquerda deverá segurar o joelho esquerdo.
Objetivo: Ritmo de movimentação, amplitude da flexão (orientação espacial).

Braço crawl

1) Repete-se os exercícios do nº 01 até o nº 04 da movimentação dos MMSS do estilo peito.
5) *P.I.*: Aluno em pé, braços estendidos ao longo do corpo.
Execução: Rotação alternada dos ombros, com os MMSS estendidos ao lado do tronco. A movimentação será no sentido anterior-posterior superior.

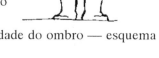

Objetivo: Reconhecimento da mobilidade do ombro — esquema corporal.

6) *P.I.*: vide exercício nº 5.
Execução: vide exercício nº 5.
Objetivo: vide exercício nº 5 com deslocamento (andando), com pequena flexão dos MMII.

7) *P.I.*: Decúbito ventral, braços estendidos ao longo do corpo.
Execução: vide exercício nº 5 retirando-se o deslocamento.
Objetivo: Reconhecimento da mobilidade do ombro, esquema corporal, apnéia, equilíbrio, relaxamento e tônus de postura.

8) *P.I.*: vide exercício nº 7.
Execução: vide exercício nº 5 com movimentação de MMII livremente.
Objetivo: O mesmo que o anterior, acrescentando-se coordenação global e orientação temporal.

9) P.I.: Alunos em pé, MMSS flexionados com os dedos encostados no ombro.
Execução: Rotação alternada dos ombros, alternadamente, no sentido para trás.
Objetivo: vide exercício nº 7.

10) *P.I.*: Idem exercício nº 9.
Execução: vide exercício nº 9 com deslocamento e pequena flexão da perna.
Objetivo: vide exercício nº 7 acrescentando ritmo e orientação espacial.

11) *P.I.*: vide exercício nº 9, em decúbito ventral.
Execução: vide exercício nº 9.
Objetivo: vide exercício nº 7.

12) *P.I.*: Idem anterior.
Execução: vide exercício nº 9 com movimentação dos MMII.
Objetivo: vide exercício nº 7.

13) Repete-se a seqüência de exercícios com os braços em extensão.

Respiração

1) *P.I.*: Aluno em pé, professor à sua frente.
Execução: Professor chamando a atenção do aluno, inspirando pela boca e expirando pela boca e nariz, no rosto do aluno.
Objetivo: Esquema corporal, ritmo e respiração.

2) *P.I.*: Idem anterior.
Execução: Idem anterior, com a mão do aluno sobre a boca e nariz do professor.
Objetivo: Idem anterior.

3) *P.I.*: Idem anterior.
Execução: O aluno executa os movimentos respiratórios.
Objetivo: Idem anterior.

4) *P.I.*: idem anterior.
Execução: O professor executa o movimento respiratório. Quando da expiração, o queixo do professor deverá estar submerso com a boca na linha da água e a mão do aluno sob a sua boca.
Objetivo: Idem anterior.

5) *P.I.*: Idem anterior.
Execução: O aluno executa o movimento descrito no exercício anterior.
Objetivo: Idem anterior.

6) *P.I.*: Idem anterior.
Execução: O mesmo descrito no exercício nº 4 em deslocamento (andando). O professor estará deslocando-se à frente do aluno realizando o mesmo exercício.
Objetivo: Idem anterior.

7) *P.I.*: Idem anterior.
Execução: Idem anterior, sem o posicionamento das mãos.
Objetivo: Idem anterior.

8) *P.I.*: Idem anterior.
Execução: O professor realiza o movimento respiratório com imersão total do rosto e a mão do aluno sob a sua boca.
Objetivo: Idem anterior.

9) *P.I.*: Idem anterior.
Execução: O aluno realiza o movimento respiratório.
Objetivo: Idem anterior.

10) *P.I.*: Idem anterior.
Execução: vide exercício nº 8 com deslocamento (andando).
Objetivo: Idem anterior.

11) *P.I.*: Idem anterior.
Execução: Idem nº 9, com deslocamento (andando).
Objetivo: Idem anterior.

12) *P.I.*: Aluno em pé.
Execução: O aluno realiza o movimento respiratório.
Objetivo: Idem anterior.

13) *P.I.*: Aluno em pé.
Execução: Idem anterior, em deslocamento (andando).
Objetivo: Idem anterior.

14) *P.I.*: Aluno em pé, professor à sua frente segurando as mãos do aluno, braços estendidos na altura da linha da água.
Execução: O professor conduz os MMSS do aluno na movimentação de peito e verbalmente orienta o aluno quando deverá levantar e abaixar a cabeça.
Objetivo: Idem anterior.

15) *P.I.*: Idem anterior.
Execução: A mesma movimentação anterior com deslocamento (andando).
Objetivo: Idem anterior.

16) *P.I.*: Aluno em decúbito ventral, braços estendidos no prolongamento do corpo e o professor segurando as mãos dos alunos.
Execução: idem exercício nº 14.
Objetivo: Idem anterior.

17) A mesma movimentação anterior, mas com deslocamento (andando).

18) A mesma movimentação anterior sem auxílio do professor.

Movimentação dos MMII no estilo peito

1) *P.I.*: Aluno sentado em um degrau ou colchonete com apoio das pernas e sola do pé encostada na parede lateral interna da piscina, apoio das mãos no chão, atrás do corpo.

Execução: Flexão simultânea dos MMII aproximando os pés da região glútea, joelhos unidos e após a flexão, estendê-lo novamente.

Objetivo: Coordenação global, esquema corporal, ritmo, percepção do movimento.

2) *P.I.*: idem anterior.

Execução: Flexão simultânea das pernas, unidas, aproximando os calcanhares da região gútea (2). Eversão dos pés com os calcanhares unidos (3). Na seqüência, extensão simultânea dos MMII em diagonal ao tronco. Durante a extensão, as laterais dos pés deverão estar próximas ao piso da piscina. Adução dos MMII com a sola do pé encostada ao piso da piscina (5).

Objetivo: Coordenação global, esquema corporal, ritmo, percepção do movimento, orientação espaço-temporal.

1 - Visão lateral   2 - Visão lateral

3 - Visão superior   4 - Visão superior   5 - Visão superior

3) *P.I.*: Idem exercício 1.
Execução: Repete-se a movimentação descrita no exercício 2 com as mãos sobre os MMII.
Objetivo: Coordenação global, esquema corporal.

4) *P.I.*: Idem exercício 1.
Execução: Repete-se o colocado na exercício 2, com os olhos fechados.
Objetivo: Idem anterior.

5) *P.I.*: Idem exercício 1.
Execução: Repete-se a movimentação descrita no exercício 2, retirando as mãos do MMII, com os olhos fechados.
Objetivo: Idem exercício 3, acrescentando ritmo.

6) *P.I.*: Aluno sentado em um degrau ou colchonete, sem apoio nas pernas.
Execução: Repete-se a seqüência do nº 1 ao nº 5, sem apoio do MI.
Objetivo: Idem anterior.

7) *P.I.*: Aluno em decúbito dorsal, apoio no abdômen.
Execução: Realiza-se a movimentação dos MMII com ou sem auxílio do professor.
Objetivo: Idem exercício nº 3.

8) *P.I.*: Aluno em decúbito dorsal, segurando uma prancha com as duas mãos.
Execução: Idem exercício nº 7.
Objetivo: Idem exercício nº 3.

9) *P.I.*: Idem anterior, acrescentando movimentos da cabeça frontalmente, realizando a respiração.
Execução: Realiza-se a movimentação dos MMII, sem auxílio.
Objetivo: Idem exercício nº 3.
Obs.: descrevemos o auxílio do professor da seguinte forma:
— Aluno em decúbito dorsal, professor em pé de frente, a sola dos pés do aluno. A mão direita do professor segura o pé direito do aluno. A mão esquerda, o pé esquerdo. O dedo polegar do professor deverá segurar a sola do pé do aluno. As mãos devem segurar, pela lateral, o dorso do pé. Deve-se induzir o movimento.

CAPÍTULO V

5. CONSIDERAÇÕES FINAIS

Dos livros de natação que referenciamos, três deles (Damasceno, Velasco 93, Velasco 94) abordam a prática da natação para portadores de necessidades especiais. Um dos referenciados, Damasceno, aborda explicitamente a natação para síndrome de Down.

O número de livros não é significativo para um país de 150 milhões de habitantes, sendo que por estimativa da Organização Mundial de Saúde (OMS), 10% são Indivíduos Portadores de Necessidades Especiais (I. P. N. E.). Não existe percentual de indivíduos síndrome de Down estimados, mas Swarmann (1989 cit. em WERNECK, 1993, p. 76) contabilizou que de cada 6.440 nascimentos, 7 são síndrome de Down, reforçando nossa opinião de que a bibliografia a respeito é insignificante.

Curitiba, que possui 1.500.000 habitantes, utilizando o percentual de 10, encontraremos 150 mil cidadãos com alguma forma de deficiência. O grupo de pais de síndrome de Down que reúne-se mensalmente para "discutir" sobre as terapêuticas de seus filhos que denomina-se REVIVER — PROGRAMA DOWN, em dois anos de atividades possui um cadastro de aproximadamente 400 indivíduos síndrome de Down.

Comparando o número de Indivíduos Portadores de Necessidades Especiais com o montante de profissionais de Educação Física que trabalham com natação para I.P.N.E. em Curitiba, oito, segundo pesquisa efetuada, pode-se concluir que a relação professor-aluno é extremamente desfavorável.

Com base nestes dados, e, segundo pesquisa efetuada, o fato de que as escolas de natação se não abrem totalmente as portas para a clientela especial ao menos não as fecham, podemos concluir que:

1. Não existe número suficiente de profissionais para trabalhar na área. Esta inexistência é ocasionada por:

— falta de informação quando o profissional está na faculdade, ou

— falta de interesse dos profissionais/acadêmicos de Educação Física.

2. Desconhecimento dos pais do I.P.N.E. a respeito das possibilidades da natação e/ou os benefícios psicomotores/saúde que a prática deste desporto proporciona.

A desinformação dos profissionais/acadêmicos e dos pais do I.P.N.E., a nosso ver, tem somente uma razão:
A POSTURA DOMINANTE DA EDUCAÇÃO FÍSICA, MAIS ESPECIFICAMENTE DA NATAÇÃO, PERANTE A SOCIEDADE.

Por quanto tempo afirmações desgastadas e superadas determinam as atitudes de uma sociedade, como:

MENTE SÃ EM CORPO SÃO
que induzem a uma dualidade mente-corpo?

Na literatura que tivemos acesso, pudemos observar que a preocupação com o "envelope corporal" (Fonseca cit. em VELASCO, 1994, p. 45) perdura há décadas. A preocupação com o *"recheio" deste envelope* resume-se a: osso; ligamento, músculo etc... e ela, preocupação, inicia quando começa o pescoço. *O que existe acima do pescoço é encarado tão somente como receptor de informações.*

No contato com alguns alunos dos cursos de Educação Física de Curitiba, questionamos se a preocupação com a anatomia e a perfeição da movimentação técnica do "envelope corporal" *não seria* a tônica principal de grande número de professores dos cursos de Educação Física?

A Psicomotricidade, a corporeidade surgiram da Educação Física. *Quantos novos caminhos deverão ser abertos para a compreensão do homem como ser integral até que os profissionais de Educação Física despertem para o imenso mundo do indivíduo?*

Transportemos esta indagação para a natação.

Em diversas partes deste trabalho questionamos a prática de uma metodologia, que a nosso ver, demonstra uma preocupação com a qualidade do deslocamento do "envelope corporal" não havendo preocupação ou mesmo respeito, em se estar informado da "disponibilidade corporal" (RAMOS, 1979, p. 71) para este deslocamento.

Parafraseando ASSMANN (1993 prol.) não estaria no momento de ser estabelecido "...um novo paradigma, que se supõe necessário para poder repensar a fundo a educação?"

Esta mudança, que acreditamos necessária, inicia-se com uma visão do indivíduo como um ser social e como ser social capaz, que deve abranger não só o síndrome de Down, mas os demais Portadores de Necessidades Especiais.

Julgamos importante que esta modificação tenha início a partir da resposta ao questionamento:

"...A partir de que cerne de critérios articulamos nossa visão pedagógica do ser humano ?" (ASSMANN, 1993, p. 46).

Se através do prisma do ser perfeito, procurando tão somente lapidar os seus defeitos para visualizar-se o lado apoteótico técnico-mecânico ou sobre o prisma de que TODOS SOMOS IGUAIS e alguns possuem uma dificuldade em aprender, em razão de suas características?

Como procuramos demonstrar no transcurso deste trabalho, "o estar vivo neste planeta consiste, essencialmente, na interação ativa dos corpos internamente em si mesmo e com seu mundo-ambiente" (ASSMANN, 1993, p.67) e não somente no conviver do indivíduo tão somente vivo.

Recomendações

Conforme tivemos oportunidade de dizer, o universo de nossa pesquisa apresentou limitações. Diante desta realidade fazemos as seguintes recomendações:

— aplicação da proposta metodológica onde ocorra a possibilidade de se ter dois grupos: A) Controle B) Experimento;

— acompanhamento externo de um observador compilando os dados;

— elaboração de fichas de controle;

— filmagem inicial, controle e final;

— aplicação de observação psicomotora e desportiva para estabelecimento de um parâmetro inicial/final para as devidas conclusões.

GLOSSÁRIO

Síndrome de Down

O mérito de John Langdon Down, e por este motivo a síndrome em questão leva o seu nome, é pelo fato de ter publicado trabalho em 1866 onde descreveu características da síndrome que leva o seu nome, "assim, a contribuição de Down foi seu reconhecimento das características físicas e sua descrição da condição como entidade distinta e separada" (PUESCHEL, 1993, p. 48).

Porém, a causa da síndrome de Down foi descoberta por Jerome Lejeune em 1958, que ao estudar os cromossomos das pessoas caracterizadas por John Langdon Down, percebeu que tinham 47 cromossomos por célula ao invés dos 46 divididos em 23 pares.

Lejeune descobriu um cromossomo extra no par 21, o que levou a síndrome de Down a também ser chamada de trissomia do par 21.

Esta trissomia ocorre de 3 formas: a) Trissomia simples, b) Trissomia por translocação e c) Mosaicismo[14].

A trissomia "...é resultado de um acidente genético que pode acontecer com qualquer casal em qualquer idade" (Pueschel cit. em WERNECK, 1993, p. 60).

A denominação Síndrome refere-se ao conjunto de sinais e de sintomas que caracterizam um determinado quadro clínico.

4 — *Beneficiadas*

Para JUAN VAZQUEZ (1985, p. 49 e 50), os benefícios da natação para o síndrome de Down são os seguintes:

— "se mejora la hipotonia de los músculos antigravedade (...)

Esta hipotonia se adviste sobre todo en los extensores del cuello y tronco en los extensores y aductores de las caderas y en los musculos de la panturrilla".

— "se mejora la alimentacion, la fonación y el aspecto facial".

---

[14] Para informações mais amplas sugere-se "Síndrome de Down para pais e educadores", de Pueschell e colaboradores. Ed. Papirus, 1993.

—.... "se aumenta la debilidade muscular en labios y lingua con la conseguente debilitacion de la sucion y aprehension labial y mejora de la fonación".

Para DAMASCENO (1992, p. 77), dentre os benéficos citados colocamos os seguintes:

"No aparelho respiratório, incidirá de forma profilática na reeducação da respiração, aliviando os transtornos provocados pela língua sulcada, geralmente projetada para fora, e pelo palato em forma de agiva que causam à respiração do mongolóide não trabalhado pela natação". Por outro lado, o oxigênio umedificado e inalado durante a prática da natação, tornará mais espaçadas as crises ou incidência de alergias e infecções respiratórias tais como a asma e a bronquite."

6. *Braçada*

Nomenclatura utilizada em natação que significa o movimento dos membros superiores quando da prática da modalidade.

7. *Pernada*

Nomenclatura utilizada em natação que significa o movimento dos membros inferiores quando da prática da modalidade.

8. *Puxada*

Nomenclatura utilizada em natação cujo significado é o início da braçada.

9. *Finalização*

Nomenclatura utilizada em natação que significa o final da braçada, antes do início da recuperação.

10. *Recuperação*

Nomenclatura utilizada em natação que identifica o movimento compreendido entre o final da braçada e o início da puxada.

13. *Trabalhado*

A partir de que idade iniciaram-se os atendimentos terapêuticos e a quais formas de terapias (estimulação precoce, fisioterapia, fonoaudiologia e outros) foi submetido o aluno.

REFERÊNCIAS BIBLIOGRÁFICAS

AJURIAGUERRA, de J. *Manual de Psiquiatria Infantil.* 2ª ed. São Paulo: Masson, 1983.

ALMEIDA, M.A. *4º Encontro Londrinense de odontologia.* Londrina, 1994.

AMARAL, Célio Carneiro. *Natação para bebês:* iniciação desportiva. Curitiba, 1984.

ARAÚJO, Bráulio Jr. *Natação —* saber fazer ou fazer sabendo? Campinas: Ed. da Unicamp, 1993.

ARCHER, Ricardo B. *Educação Física em Educação Especial.* Curitiba: Editora própria, 1993.

ARCHER, Ricardo B. *Natação:* uma forma de reeducação psicomotora. Palestra proferida no 7º Simpósio Nacional de Ginástica, na Escola Superior de Educação Física: Pelotas, 1986.

ARCHER, Ricardo B. *Curso: Natação adaptada.* São Paulo: Escola Flechina de Natação, 1991.

ASSMANN, H. *Paradigmas educacionais e corporeidade.* Piracicaba: Unicamp, 1993.

AUCOUTOURIER B. Darraulti I.; EMPINET, J. L. *A prática psicomotora.* Porto Alegre: Artes Médicas, 1986.

BREMS, B. *O nadador em forma.* São Paulo: Manole, 1986.

BUENO, Jocian M. *Psicomotricidade —Teoria e Prática.* Editora Lovise, São Paulo, 1997.

CAMUS, Jean Le. *O corpo em discussão.* Porto Alegre: Artes Médicas, 1986.

CATTEAU, R. e GAROFF, G. *O ensino da natação.* São Paulo: Manole, 1988.

CHAZAUD, Jacques. *Introdução à Psicomotricidade.* São Paulo: Manole, 1978.

COSTE, C. Jean. *A Psicomotricidade.* 4ª ed. Rio de janeiro: Guanabara Koogan S.A., 1992.

DAMASCENO, Leonardo G. *Natação, psicomotricidade e desenvolvimento.* Secretaria dos Desportos. Brasília, 1992.

FEDERAÇÃO INTERNACIONAL DE NATAÇÃO AMADORA. *Regras oficiais.* Rio de janeiro: Grupo Palestra Sport, 1988,

FERREIRA, Aurélio B. H. *Dicionário Básico da Língua Portuguesa.* Rio de Janeiro: Nova Fronteira, 1995.

FLOREZ, Jesus (dir.). *Nataciom habilidades acuáticas para todas las edades.* Barcelona: Editorial Hispano Europea, 1980.

FRANCO, Pedro e NAVARRO, Fernando. *Nataciom habilidades acuáticas para todas las edades.* Barcelona: Hispano Europea, 1980.

GILES, R. Thomas. *Dicionário de Filosofia.* São Paulo: Pedagógica e Universitária, 1993.

GUILLARME, J. J. *Educação e reeducação psicomotora.* Porto Alegre: Artes Médicas, 1983.

HURTADO, Johann G. G. M. *Glossário básico de Psicomotricidade e ciências afins.* Curitiba: Educa/Editer, 1983.

JAPIASSU, H. Danilo Marcondes. *Dicionário básico de filosofia.* 2ª ed. Rio de Janeiro: Jorge Zahar Editor, 1983.

LAPIERRE, A. *A reeducação física.* São Paulo: Manole, 1982.

LE BOULCH. *A educação pelo movimento.* Porto Alegre: Artes Médicas, 1983.

_____ *O desenvolvimento psicomotor.* Porto Alegre: Artes Médicas, 1984.

LENK, Maria. *Ensino da natação ao principiante.* Rio de Janeiro: Tecnoprint, 1982.

LOTUFO, João. *Ensinando a nadar.* 7ª ed. São Paulo. Cia Brasil.

MACHADO, David C. *Metodologia da natação.* São Paulo: Pedagógica e Universitária, 1984.

MAGILL, A. R. *Aprendizagem motora*: conceitos e aplicações. São Paulo: Edgard Blucher Ltda, 1984.

MARDOMINGO, Maria J. et al. *El síndrome de Down hoy:* perspctivas para el futturo. Madrid: Associacion para el sindrome de Down de Madrid, 1991.

MARTINEZ, P; GARCIA, M; MONTORO, J. M. *Primeros pasos en psicomotricidad en la educación infantil.* Madrid: Narcea S.A., 1988.

MELLO, Alexandre Moraes de. *Educação Física* — jogos infantis. São Paulo: Instituição Brasileira de Difusão Cultural, 1989.

MEUR, A. de; STAES, L. *Psicomotricidade.* São Paulo: Manole, 1984.

NAVARRO, Fernando. *Natacion.* Madrid: Gyminus, 1990 (?).

PALMER, M. A ciência do ensino da natação. São Paulo: Manole, 1990.

PICQ, Louis; VAYER, Q. R. *Educacion psicomotriz y retraso mental.* Madrid: Científico médica, 1977.

PUESCHEL, S. (org.). *Síndrome de Down:* guia para pais e educadores. Campinas: Papirus, 1993.

RAMOS, Francisco. *Instruccíon a la prática de la educación psicomotriz.* Madrid: Pablo del Rio, 1979.

REIS, Jayme Werner. *A natação na sua expressão psicomotriz.* Porto Alegre: D.C. Luzzato, 1982.

RIES, B. E.; EARGA, J. e SETTINERI, L. *Educação psicocmética.* Porto Alegre: Sulina, 1979.

SANCHEZ, Pilar Arnáis. *Fundamentacion de la practica psicomotriz em B. Aucouturier.* Madrid: Coleccion Panorama, 1988.

SARMENTO, P.; CARVALHO, C.; FLORINDO, I.; RAPOSO V. *Aprendingem motora e natação.* Lisboa: Centro de Documentação e Informação, 1984.

SILVA, Airton L. *Natação — aprendizagem livre em 4 estilos.* Rio de Janeiro: Palestra, 1984.

VAYER, Pierre. *El niño frente al mundo.* 2ª ed. Barcelona: Científico-médica, 1985.

VAZQUEZ, Juan et al. *Sobre el agua.* Textos sobre natacion y otras actividades aquaticas en piscinas. Madrid Consejo de Cultura, Deportes y turismo de Comunidad de Madrid, 1985.

VELASCO, Cacilda Gonçalves. *Habilitações e reabilitações psicomotoras na água.* São Paulo: Harbra, 1994.

_____ *Brincar o despertar psicomotor.* São Paulo: Sprint, 1996.

____ *Natação segundo a psicomotricidade.* Rio de Janeiro: Sprint, 1994.

WERNECK, Cláudia. *Muito prazer, eu existo:* um livro sobre as pessoas com Síndrome de Down. 2ª ed. Rio de Janeiro: WVA, 1993.

WILKE, K,. *Curso internacional de metodologia da natação.* Curitiba: Fundação de Esportes do Paraná, 1989.

XAVIER, P. Telmo. *Métodos de ensino em Educação Física.* São Paulo: Manole, 1986,

caminante
son tus huellas
el camino,
y nada más,
caminante,
no hay camino,
se hace camino
al andar,
al andar se hace
camino
y al volver la vista atrás
se ve la senda
que nunca
se há de volver a pisar

Antonio Machado

Impresso na
**press grafic
editora e gráfica ltda.**
Rua Barra do Tibagi, 444 - Bom Retiro
Cep 01128 - Telefone: 221-8317